校园文化建设
和学生管理工作的互动机制

杨金辉◎著

中国原子能出版社

China Atomic Energy Press

图书在版编目(CIP)数据

校园文化建设和学生管理工作的互动机制 / 杨金辉
著. -- 北京：中国原子能出版社, 2020.3 （2021.9 重印）
　ISBN 978-7-5221-0485-0

　Ⅰ.①校… Ⅱ.①杨… Ⅲ.①高等学校－校园文化－
建设－研究－中国②高等学校－学生－学校管理－研究－
中国 Ⅳ.①G647②G645.5

　中国版本图书馆 CIP 数据核字(2020)第 035367 号

校园文化建设和学生管理工作的互动机制

出　　版	中国原子能出版社（北京市海淀区阜成路43号 100048）
责任编辑	蒋焱兰（邮箱：ylj44@126.com　QQ：419148731）
特约编辑	李　宏　王晓平
印　　刷	三河市南阳印刷有限公司
经　　销	全国新华书店
开　　本	787mm×1092mm 1/16
印　　张	16
字　　数	210 千字
版　　次	2020 年 3 月第 1 版　2021 年 9 月第 2 次印刷
书　　号	ISBN 978-7-5221-0485-0
定　　价	68.00 元

出版社网址：http://www.aep.com.cn　E-mail：atomep123@126.com
发行电话：010-68452845　　　　　版权所有　侵权必究

前言
PREFACE

　　校园文化建设与学生管理工作在培养学生成人成才目的上的一致性，使得两者之间具有良性的互动关系。以文化建设加强学生管理，以人性化的学生管理繁荣校园文化是正确的高校学生管理思维模式。

　　一般认为校园文化是指学校全体师生员工在长期的办学过程中培育形成并共同遵循的最高目标、价值标准、基本信念和行为规范。一般包含物质文化（校容与校貌、教学手段和科研条件、师资水平）、制度文化（工作和学习制度、责任制度、特殊制度）、行为文化（社会实践环节、科技学术活动、文化体育活动）、精神文化（学校目标、学校精神、学校道德、教育思想、校风学风）。学生管理是指对学生入学到毕业在校阶段的管理，是对高等学校学生学习、生活、行为的规范。涵盖了学籍管理、课外活动、校园秩序、奖励与处分、就业与实习、贫困生工作、心理健康教育等诸多方面。

　　校园文化建设是学校发展的重要保证，特色鲜明、符合时代要求的校园文化可以有效促进高等教育的实施，有利于塑造健康向上的人才队伍，有利于社会的进步和发展。高校校园文化建设对青年大学生思想的形成和发展具有关键作用，也是高校各项建设和发展的重要内容。健康的校园文化，可以陶冶学生的情操、启迪学生心智，促进学生的全面发展。

　　学生管理是高校管理的重要组成部分，与高校的各项管理特别是学生思想政治教育紧密联系在一起。高校学生管理工作应当强调以人为本。以人为本，首先要尊重人、理解人，充分确立学生在学校生活中的主体地位，使受教育的过程成为自我认识、自我发现、自我评价、自我发展、自我完善的过程。以人为本，还要积极培养人、塑造人，在注重提高学生全面素质的同时，努力为学生个性发展保留空间，激发学生的创造活力。以人为本，贵在关心人、爱护人，要使学生了解做人做事的道理，把对学生的关爱当作一种义不容辞的责任，当作一种自觉的追求。

校园文化建设与学生管理工作之间具有天然的良性互动机制。校园文化建设不仅成为高校素质教育、综合实力、校风学风的一种展示，更是加强学生管理工作的有效路径。反之，学生管理工作目标的合理定位对于校园文化的繁荣与进化具有重要意义。如何把建设有特色的校园文化和形成一套科学规范、合理的学生管理体系的问题统一起来发挥其互动效能，是我们现代高校管理者应关注的课题。

目 录
CONTENTS

第一章 校园文化建设与学生管理工作概述

第一节 文化与校园文化

一、文化的含义

文化是我们日常生活中最常见的,同时也是最复杂的一个概念。在现实生活中,每个人都生活在特定的文化背景中,并且通过直接或间接的方式与身边的各种文化进行接触,同时与处于不同文化背景下的人进行交往。此外,中西方文化的概念也有很多的相似之处。比如,在意义上,都具有丰富和完善人内心世界、提高人们教养的意义,同时都指向了人的进一步完善与发展,突出了教育在其中扮演的角色。

(一)从概念范围进行分析

如果从概念的范围对文化的含义进行分析,可以将文化概念分为广义和狭义两大类,同时这也是文化概念的界定中最常见的一种方式,通常它们会出现在词典及百科全书之类的工具书中,如《中国大百科全书》社会卷中就把文化分为广义和狭义这两大类。广义的文化是指人类所创造的精神产品及物质产品的总和,而狭义的文化则是指人类所创造的艺术文学语言,包括意识形态在内的一切精神产品。在哲学卷中,与社会卷类似,也是将文化进行了广义和狭义的划分,广义上除了包括精神产品和物质产品的总和,还包括物质及精神生产的能力;而狭义上则是指精神产品和精神生产能力,同时包括一切社会意识。《大英百科全书》也将文化分为两类:第一类是"一般性"的定义,即文化等同于"总体的人类社会遗产"。第二类是"多元的相对"文化概念,即"文化是一种渊源于历史的生活结构的体系,这种体系通常为集团的成员所共有",包括这一集团的"语言、传统、习惯和制度,包括有激励作用的思想、信仰和价值,它们在物质工具和创造物中的体现"等。

(二)从学科角度进行分析

倘若从不同的学科来对文化的概念进行界定,则这种界定彰显着各个学科的特色。历史学家把文化看作是社会遗产的传统属性,重点突出了其累积和传承的含义,认为文化是一切人工产物的总和,包括一切人类所发明、并且传递给后代的所有器物,以及他们的生活习惯等;而社会学家则重点突出了文化作为一种社会的动态演变状态所规定的认知意义,认为文化更像是一个社会历史的研究范畴,包括了人类创造社会历史的发展水平程度以及社会历史创造的质量状态;哲学家认为,生活中所说的文化就是人类主体存在的历史和他们在社会实践活动中,持续外化及对象化自我本质的力量,使用、改造自然社会及人的自身,同时又丰富和发展了自我本质;传播学根据文化的传播表现为信息传递和交换的特点,认为"文化就根本性而言,是生物共生行为中传达的信息和传达信息的方式"。此外,心理学、符号学等也从各自学科的角度对文化概念进行了界定。

(三)从文化要素进行分析

美国社会学者戴维·波普曾把文化分为三个要素:一是符号、意义和价值观,二是规范准则,三是物质文化。我国济南大学苏富忠教授认为文化由7个要素组成,分别是存在形态、建构目的、思维方式、意识形态、历史时代、地理区域和品质,与此相应有7种文化类型,分别是形态型文化、目的型文化、思维方式型文化、意识形态型文化、历史时代型文化、区域型文化和品质型文化。

(四)从文化的层次性结构上进行分析

学者叶启德等认为,文化作为人类在长期的社会实践活动中创造的物质财富的凝结和精神财富的积累,大致包括精神、信息、行为、制度、物质等几个层面。其中,最核心、也是最稳定,并且将文化塑造成了一种特定文化的部分,通常是文化的精神层面。精神文化构成了我们日常所描述的文化的核心,文化的最外层一般都是文化所包含的物质层面,也是文化体系中最不稳定的因素。精神文化是人与自我意识关系在发展中产生的历史产物,同时也在人类社会的实践和意识活动中不断地发展与进化,精神文化的核心主要包括了人们的价值观念、思考方式、道德情操和审美趣味情感。

(五)从文化的价值功能视角进行分析

文化是人类社会所特有的一种现象。文化的本质是人的本质,本质力量的对象化,是社会实践的能力和社会实践的产物,也是人类活动的重要方式。因此,国内有一些学者着重从文化对人的意义功用和价值的视角,来界定各个文化的概念。著名的功能主义文化理论的代表马林诺夫斯基认为,文化是一个满足人的要求的过程,是为了应付在该环境中所面临的具体问题,而将自己置于一个更好位置上的工具型装置。20世纪60年代兴起的文化释义学的著名代表人物格尔斯认为,人类是由自己所编织的意义的网眼所支撑的动物,所谓文化就是这样一个约束人类自身的网眼。我国具有代表性的对于文化的界定,是孙中山先生所表述的,"简单地来讲,文化是人类为了适应自身生存的要求和生活的需要所产生的一切生活方式的综合表现"。①

二、高校校园文化的概述

高校校园文化是校园文化在一个特定形式下的表现,是国家整体社会文化的一个重要组成部分,能够真实反映社会文化的整体发展,是一个国家、一个民族整体文化的缩影。具体地说,高校校园文化是在长时间的教育教学过程中,为了提高老师和学生综合素质、促进教师的水平提高和学生身心健康,在以一个特定的校园精神和生活方式为基本特征的条件下,以教育师生为核心所创造的制度文化、物质文化、精神文化和生态文化之和。

(一)狭义上的高校校园文化

狭义的校园文化是精神文化,也是校园文化的最高层次,是校园文化的核心。狭义上的大学校园文化主要有"课外活动说""校园精神说""艺术活动说"。

1.课外活动说

"课外活动说"又被称为"第二课堂说",是校园文化的早期定位之一。比较有代表性的观点:校园文化是以所有的老师和学生为主体创建的教学、科研、学习和生活等社会实践活动中表现出的文化意识和行为,更加微观的表现是以大学生校园课外活动为主体,即"第二课堂"。从狭义上讲,相对于课堂文化,校园文化是以主旋律为突出主题的课外文化,其内容可以概括为一个轴、三个层次。一个轴,就是培养德智体美全面发展、符合社会主义建设的合格人才;三个层次,一是概念层,二是制度层,三是器物层。

2.校园精神说

对许多人来说,校园精神是校园文化最常见的一种。有学者认为,狭义上,校园文化主要是指精神文化,是指除教育、教学、管理以

---

①刘建民著.NIT校园文化笔记[M].杭州:浙江大学出版社,2018.

外的一种群体文化,其主要内容是教育政策、培训目标、学校精神和学习风格的建设、艺术和文化。它是一所学校独特的精神,是广大高校教师和学生的规范、生活方式、行为模式和价值体系,是不同于其他社会组织的重要标志,同时也是团结学校团体的一种精神力量。

3.艺术活动说

这是一种特定状态下的校园文化定义,典型的是前清华大学书记贺美英的观点:"狭义的校园文化是为学生培养健康的文化艺术活动和艺术教育。"

狭义的校园文化定义,虽然可以使校园文化更具体、更有针对性且容易理解,但是他们只是从某一角度去描述,很难对校园文化有一个相对全面、准确的理解及把握,容易使人片面地理解甚至扭曲和误解校园文化,影响校园文化某些功能的挖掘和效用的发挥。在校园文化的培养对于大学和社会的发展越来越重要的今天,大学校园文化内涵的定义是一定要随着时代的发展不断扩大和充实的。

校园文化的定义产生了从"狭义"到"广义"的发展趋势。

(二)广义上的高校校园文化

广义的校园文化包括校园物质文化、校园制度文化、校园行为文化、校园精神文化等。根据这些构成元素,校园文化大体上可分为"二要素说""三要素说""四要素说""五要素说"和"多要素说"等。

1.二要素说

大学校园文化内涵的二要素说,从物质和精神两个方面表达,是早期比较经典的表述。校园文化是在学校教育环境下,在学校培养和发展人才及提高自身的实践中形成的,同时具有学校特点的物质财富和精神财富的总和。在这个基础上,我们可以从不同的角度展开。从学科的角度定义校园文化是:"在学校教育环境中,以学生为主体,老师为主导,促进学生成人成功为目标,所有的师生员工在生活、教学、科研、管理和其他领域的相互作用下共同创造的所有的物质和精神的成就。"它的形式可以分为有形的物质形态的文化形式和无形的意识形态的文化形式。

2. 三要素说

"三要素说"主要是借鉴了文化研究的理论,参照文化可以分为物质文化、精神文化和制度文化三种形式的文化现象,将校园文化分为校园物质文化、校园制度文化和校园精神文化。大学校园文化是大学在长期发展和转型过程中所创造的物质文化、制度文化和精神文化的总和。物质文化是整个校园文化的文化符号,是校园文化的浅面;制度文化是校园文化的中心,是校园文化深层发展的前提和保证,是校园文化的核心。广泛来说,大学校园物质文化是由学校的教学、科研设施、人文景观等组成的;制度文化则包括大学各种规章制度、组织和运作规则等;精神文化是指学校的办学理念、价值取向、人的思维方式、精神等方面的文化,高校师生是校园文化的主体和创造者。

3. 四要素说

广义的校园文化是高等学校的生活方式的总和,在校大学生、教师和干部是主要群体,相较于其他群体,它是一种在物质财富和精神产品层面上有一定独特性的文化类型。卢虹指出:"学校的校园文化是由精神文化、制度文化、行为文化、环境文化等四个方面构成的。"这些要素中主要包括三个方面:智能文化(学术水平、学科设置、科学研究等)、物质文化(文化设施、校园建设等)、标准化文化(教育系统、学校精神、规则和道德、精神文化、价值体系和精神氛围等)。

4. 五要素说

在"四要素"的基础上,"五要素说"更具体地阐述了大学校园文化的内涵。"五要素说"认为广泛的校园文化包括物质文化、智力文化、精神文化、文化规范和行为文化等五个方面。随着社会环保意识的增强,校园文化也反映了生态的内容。它是以社会先进文化为主导,以师生文化活动为主体,以校园精神为背景,在长期发展的变化过程中,由全校员工和学生共同创造的校园物质文化、制度文化、精神文化、行为文化和生态文化综合在一起并相互影响形成的,为指导学生个人或群体的行为和了解校园事件、行为提供了一种参考框架模型。移动电话、互联网等新媒体的出现,进一步丰富校园文化的内涵,在原始的物质文化、精神文化、行为文化、系统文化上,新增加了媒体文化。

5.多要素说

社会的发展使校园文化的内涵越来越丰富。在多要素说的观点中,广义校园文化是以校园地理文化、社会文化为背景,以学校管理者和师生员工为主体,以校园生活中的人际关系、精神面貌、价值取向、舆论氛围为主要内容,以文化活动为基本形式,在大学教育、学习、生活、管理过程中形成的活动方法、活动过程及结果。多要素说中的要素,主要包括对学校成员,特别是大学生存在现实影响和潜在影响的所有文化要点,包括价值观、理想和信仰、思维方式、道德情操、传统文化生活方式、心理氛围、人际关系、行为标准,学校制度和物理环境。

三、校园文化的特点

校园文化是以学校师生员工为主体,以完备的文化设施和美丽的校园环境、丰富的文化活动为依托,以塑造校园的精神、净化校园文化氛围、培训教师和学生的健康人格为目标的特殊文化。与其他文化不同,高校校园文化是社会文化的一种亚文化,是高校师生创造和享受的一种群体文化。大学校园文化也因此由社会上占主导地位的文化进行管制,同时具备社会和文化系统所共享的一般属性,如阶级性、客观性、民族性等,并受自身的发展规律的约束,不同于其他类

型的社区文化,如企业文化、城市文化等。校园文化的基本特征主要
包括以下九点。

(一)学术性

学术性是高校校园文化区别于其他类型文化中最突出的特点和
重要标志。重视学术是大学校园文化的一个重要方向:从历史的角
度来看,大学是"所有的知识和科学、事实和原则、探索和发现、实验
和思考的高层次保护"。坚持这个理念,大学逐渐形成一个良好的学
术氛围和传统,大学是教育教学的标准化,确保大学在某种理想状态
下可以深入进行高层次的、客观的科学研究。同时,大学本身便肩负
了人才的培养任务、大学知识创新的社会功能,教学和研究是主要的
工作方式。高校有大量的高级专家和学者、丰富的书籍和材料、众多
的科研项目、科技的前沿文化信息等。这些资源决定了高校校园文
化必须有独特的学术特征。从现实的角度观察,在知识经济时代,大
学作为一个社会组织,在传播先进知识和培养高层次人才等方面发
挥了重要作用;在社会经济的发展中,社会也将大学学术提升到了一
个前所未有的高度,这主要表现在服务社会及促进社会发展方面。

(二)超前性

校园文化的独特学术性质决定了其必须具有历史的超前特性。
学术更多地是站在现实的基础上展望未来。相对于社会文化主要从
传统文化的角度,由人们的经验与习惯所形成的氛围来影响甚至改
变人们的文化发展方向,大学校园文化倾向于从未来的角度来创建
文化氛围,感染和熏陶人,这意味着大学校园文化具有历史的超前特
性。它包含两个方面的含义:一是指校园文化的探索特性;二是指校
园文化其实是一种理想主义,展望未来使他的主导的价值观。这是
因为高校在现代化的过程中,不仅要为社会提供科学技术、创造精神
文化,还要培养具备现代知识、现代技术的高水平人才。大学已成为

一个发展驱动力的社会机构、发展动力的来源,大学校园文化已经成为整个社会文化的新概念的发源地,也是文化发展的前沿,因此高校校园文化具备超前性的特点。校园内的专家、教授人才济济,他们从不满足简单的文化继承、平庸的复制或享受文化的成就,而是在不断追求卓越,努力创建新的精神和文化财富。

(三)创新性

高校校园文化的超前性特点,不可避免地要求文化具有创新性。大学的本质是创新,大学文化的生命力也在于创新,大学校园文化必然将创新作为其追求的核心内容。高校校园文化的创新性就在于创造新的思想和新观念,具有创新精神和创新能力,为国家的创新发展提供源泉。一方面,大学作为一种社会文化的高地,拥有保存、继承传播和创造先进文化的重要地位。它不仅继承、借鉴和吸收不同的文化,还对不同的文化进行选择和不断创新,根据不同文化扬弃的过程本身就是一种创新和进步。另一方面,教师和学生是校园文化的诞生来源,教师和学生作为校园文化的主体,他们本身就是具有创造性的,而这也决定了校园文化的创新特征。

(四)引领性

高校校园作为人才培养的主要阵地,教师和学生的思想意识、价值目标和创造出的文化成果是超前于社会文化的,具有引领社会文化发展趋势的作用,是社会文化的领导者。大学对社会形势的变化、对社会发展的深刻理解和积极反映,使其能够成为孕育并产生符合时代潮流和发展趋势的思想文化的最重要场所。现代中国历史上两个重要的思想解放运动的产生和发展都源自北京大学,在新文化运动中提出了"民主"和"科学"的口号,在"五四运动"中也是最早研究和传播了马克思主义。因此,北京大学也被称为我国政治的"晴雨表"。此外,学校还承担着培养社会主义现代化人才的艰巨任务,这决定了大学校园文化必须有一个明确的点,那就是必须坚持马克思主义的主导地位,引导其他社会文化发展,努力实现社会主义文化繁荣。因此,高校应坚持校园文化建设的正确方向,鼓励学生和教师参与和创造,营造一个健康积极向上的校园文化氛围。

(五)多元性

随着社会文明的进步,社会文化日益开放,体现出多元化的发展趋势。校园文化作为文化积淀和交织的重要场所,呈现出丰富多彩的多元特征。这是由于大学校园中拥有大量高智商群体,他们越来越频繁地在国内外进行学术交流讨论,接受国内外的新思想和理论,通常走在社会的前列。大学文化的多元性同时体现在大学之间与大学内部。同时体现文化多样性不仅是校园文化与价值观和其他形式的文化进行冲突和融合的过程,而且也拓宽了校园文化发展和自我完善的空间,同时为学校作出正确的选择和判断提供了参考。校园文化从单一到多元化的深入发展趋势过程中,大学应该在独立思考和批判继承的基础上,以客观、冷静的态度来对待多样化的现实,重视核心价值观的巩固,提升文化适应性和竞争力,加强国家和民族文化认同感和自豪感。

(六)教育性

文化是文而化之。教育就是通过营造和谐校园文化氛围和良好校园文化环境,引导学生树立科学价值观,引导学生自觉遵守行为规范,提高学生的创新能力和综合素质。校园文化是人才培养的重要组成部分。大学校园文化的基本属性和功能决定了大学校园文化的教育质量。校园文化教育,不仅是传授文化知识,更是形成一种文化体验,通过营造良好的文化氛围,感染并且通过微妙的方式来规范大学生的行为,促进大学生健康人格的形成。

（七）开放性

世界文明发展的经验表明，一种文化只有开放给其他文化，并积极吸收其他文化的精华，才可以不断滋养和补充自身，才能够获得长久的生命力。作为一种文化模式，大学校园文化的发展、创新，是以文化交流、碰撞、浓缩和集成为基础的。大学校园文化始终坚持不断地兼容和吸收，不断地渗透着各种社会文化，同时又受到广泛的外部文化和文化形式的交流渗透。在改革开放和社会主义市场经济的背景下，校园文化虽然是大学校园发展的产物，但它始终与社会文化密不可分。校园文化是一个开放的系统，打破了以往封闭的教育体系和模式，在学校与学校之间、社会与学校之间，以及各领域之间开放自己的发展，同时在各个层次上开放。开放是一所大学的文化态度和价值理念，是向社会开放、向世界开放、向时代开放，使校园成为各种优秀的文化中心，使多种优秀的文化融合、繁荣，从而使高校校园文化回归其本质，成为一种自然而然的生态文化。这种开放是保持大学校园文化相对独立性的基础，吸收了有利于高校校园文化建设的各种因素。它继承和弘扬中华民族优秀传统文化的精华，大胆批判并吸收世界先进文化，不断超越自我，实现创新。吸收与排斥的过程本身就是校园文化创新的表现。

（八）时代性

历史唯物主义认为文化是人类社会活动的产物，它的形成和发展是一个长期的历史过程。任何文化都深深铭刻在其所处的时代，反映了时代的本质和时代的发展。大学校园文化不是生活在真空中，而是在一定的社会环境中形成和发展，不可避免地受到社会文化环境的影响，并且在一定时代的政治、经济、教育和社会结构的限制下，反映统治阶级的意志与其对社会的需求。校园文化通常是时代的"晴雨表"，具有鲜明的时代特征，反映了时代精神。在当今时代，高质量的大学校园文化的时代特征应包括两个方面：一是内容，高校校园文化应在社会主义先进文化的指导下，高唱时代主题，与时俱进；二是不断创新其形式，如在互联网时代，博客、微博、微信等成为深受大学生欢迎的传递信息的方法和手段，充满了现代气息。

（九）高品位性

高校校园文化先进、创新、开放的时代特征，揭示了高校校园文化拥有其他类型文化所不具备的高品位性。它反映在校园文化的主要活动、教学和科学研究上面。突出表现在三个方面：第一，参与主体主要是大学教师和学生，一般具有丰富的文化水平、知识思想、学术研究能力、道德审美能力及较高水平的理性；第二，大学拥有丰富的资源，如丰富的书籍、先进的实验室仪器、设备和长期积累的研究经验和成果；第三，许多学院和大学，尤其是重点大学，在培养高质量的人才过程中，相当比例的教学和研究活动处于国内、国际先进水平。

高校校园文化高品位性体现在高规格和高质量的培训中。西班牙学者丹尼尔认为："大学的一个重要使命是用最经济、最直接、最有效的方法，利用所发明的人类智慧，使普通人成为优秀的专业人士。"可见，高校的最首要任务及重点工作是培养高标准、高质量的人才。虽然随着高校的扩招，我国高等教育从精英普及到大众，但培养高质量的人才仍是高校的重要任务，这些都不断地提高了大学校园文化的品味。

在大学校园文化的内容和方向上。开放的大学校园文化，使它能够汲取各家之所长，吸收中外文化的精华，继承和发扬中华民族的优良传统文化，丰富多彩的内容使大学校园文化不断提高其价值理念，升华了自身的精神状态，同时反映了其高质量、多功能的高品位性。与此同时，大学校园文化的时代性，决定了其必须站在时代的制高点,反映时代的要求,弘扬时代的主流文化。在我国,当前的主流文化是以马克思主义作为具有中国特色的先进社会主义文化发展方向的主要指导思想,先进的文化意味着高品位的文化,这体现了大学校园文化的导向性。

第二节　高校校园文化建设

高等学校校园文化是社会主义先进文化的重要组成部分。加强校园文化建设对于推进高等教育改革发展、加强和改进大学生思想政治教育、全面提高大学生综合素质,具有十分重要的意义。

一、校园文化建设的总体要求

根据 2004 年颁布的《教育部、共青团中央关于加强和改进高等学校校园文化建设的意见》,校园文化建设的总体要求包括如下内容。

(一)校园文化建设的指导思想

高校肩负着培养建设有中国特色社会主义事业建设者和接班人的根本任务。大学生的思想道德和科学文化素质的高低,直接关系到我国社会主义现代化建设战略目标能否实现、关系到能否坚持党的基本路线百年不动摇。因此,我们必须站在历史的高度,以战略的眼光来认识新时期高校德育工作的重要性。高校大学生不仅要有扎实的现代科学知识和坚定正确的政治方向,而且要具备现代观念、现代人格、成熟的心理品质和高尚的道德情操。这种心灵的塑造与一定的良好的校园文化紧密关联。校园文化作为社会文化的亚文化,必须坚持以马克思列宁主义、毛泽东思想、邓小平理论、"三个代表"重要思想、科学发展观和习近平新时代中国特色社会主义思想为指导,坚持社会主义方向,才能走在正确的发展道路上,奏响时代主旋律。文化部副部长高占祥认为："从宏观角度看,做好校园文化有利于全面贯彻党的教育方针,有利于加强校园的社会主义精神文明建设,有利于抵制和消除资产阶级自由化影响,有利于促进青少年的身心健康,有利于形成良好的校园新风,也有利于社会主义文化的发展。"

(二)校园文化建设的要求

文化发展具有其特殊的规律。萨姆瓦在《跨文化传统》中说:"文化是一种积淀物,是知识、经验、信仰、价值观、处世态度、赋义方法、社会阶层的结构、时间观念、社会角色、空间关系观念、宇宙观以及物质财富等的积淀,是一个大的群体通过若干代的个人和群体努力而获取的。"由此可以看出文化发展是一个不断丰富、健全的过程。这个过程需要不断地借鉴吸收人类文明的有益成果。任何一个民族文化的发展只有在与外来文化的相互交融和碰撞中,才能迅速发展壮大,"海纳百川,兼容并蓄"是一个民族文化的坚强自信和历史价值的最佳体现。只注重本民族文化的生存与繁衍,会削弱校园文化的自我发展和自我更新能力,使其在文化竞争中处于不利的地位,会影响文化的生命力,不利于社会主义文化的繁荣,不利于个体创造力的发挥和创造力的实现。

大学校园文化建设具有自身的特点,并不是社会文化的原版复制,而是深思熟虑后的选择和扬弃。校园文化建设的过程,也是对校园文化了解、研究、整合、内化、推陈出新的过程,吸收积极的高尚的社会文化。校园文化应在传统与现代、外来文化与民族文化冲突之中寻找一个最佳结合点,接受有益的传统文化和外来文化,创造性地发展校园文化,促进校园文化的健康演变。

我们面临的是一个知识创新、文化创新、科技创新的新的阶段,其中最重要的是文化创新。创新是一个民族进步的核心所在,也是先进文化发展的不竭动力。我们在继承人类一切优秀文化成果的同时，必须坚持批判精神和创新精神。在信息化时代的今天，世界先进文化为我国历史文化传统的发展提供了丰富的营养。因此，我们要坚持以中华民族优秀文化传统为根基，大胆吸收和借鉴其他国家和民族的一切有价值的文明成果，要引导青年学生在抵制西方资产阶段腐朽思想文化的同时，多学习西方的科学精神、创业精神和敬业精神，整合出反映历史进程中的有中国特色的社会主义大学新文化，推动高校教育事业的快速发展。

（三）建设优良的校风、教风、学风，优化校园文化环境

《中共中央国务院关于深化教育改革全面推进素质教育的决定》指出："高等教育要重视培养大学生的创新能力、实践能力和创业精神，普遍提高大学生的人文素养和科学素质。"高等学校校园文化建设的主要任务是：以理想信念教育为核心，深入进行树立世界观、人生观、价值观教育；以爱国主义教育为重点，深入进行弘扬和培育民族精神教育；以基本道德规范为基础，深入进行公民道德教育；以大学生全面发展为目标，深入进行素质教育；重视和加强校风建设，培育良好的教风和学风，形成对教职工具有凝聚作用、对学生具有陶冶作用、对社会具有示范作用的优良校风；积极开展校园文化活动，把德育与智育、体育、美育有机结合起来，寓教育于文化活动之中，促进大学生思想道德素质、科学文化素质和健康素质协调发展；加强校园人文环境和自然环境建设，建造精神内涵丰富的物质文化环境，努力营造良好的育人氛围。大学校园文化要弘扬爱国主义、社会主义、集体主义教育的主旋律，通过开展各式各样、丰富多彩的活动，寓思想教育于各项工作、各项活动之中，引导现代大学生确立正确的人生观、世界观、价值观，培养他们的民族责任感，加强自身修养，把实现自身价值与服务社会统一起来，努力把自己培养成为"有理想、有道德、有文化、有纪律"的建设者和接班人。

高校学生所必需的良好的心理素质、交际能力、创意素质、道德素质,必须通过教师的理论传授以及校园文化恰到好处的教育过程来完成,二者缺一不可。可以看出,高素质教育要求大学生必须理论联系实际,力求达到大学毕业后即能适应社会并能作出贡献,成为一个有益于社会、有益于人民的人。高校素质教育与校园文化是相互关联、相互渗透的。因为素质教育可以通过多样化的校园文化来实施,校园文化又可以通过素质教育而丰富内容,把校园文化和高素质教育有机地结合起来,已不是教育的外延,而是教育本身,这是大学生提高素质所必需的。

校园文化在教育过程中产生的素质教育效果是一般教育难以达到的,校园文化多样化与素质教育的多种形式相辅相成,对于改变与社会实践相互脱节的应试教育,是一剂良方。运用校园文化可以达到高素质教育,使大学生在"德、智、体、美、劳"等方面全面发展的目的。我们要积极开展寓教于乐、寓学于乐的校园文化活动,建设好大学校园文化,来提高大学生的综合素质,保证高校的发展和大学生的身心健康。

校风是指学校在长期办学过程中形成的相对稳定的一种学校意识、精神状态和作风,是学校整体面貌的反映,集中表现为校园内的集体信念、集体舆论、群体价值观、群体向心力等。它渗透表现在校园内多种文化载体及其行为主体身上,让人时时处处切实感受到其独特的感染力、凝聚力和震撼力。教风是教师在长期的教学实践中形成的特有的教育教学风格,是教师道德品质、知识水平、业务技能等素质的综合表现。学风是指学生集体在学习过程中表现出来的学习态度和方法。良好的校风、学风、教风作为一种无形的校园精神环境,是一种"润物无声"、潜移默化的教育,在耳闻目睹中达到精神信息的认同、接受、融合,使师生受到陶冶、洗礼、锻炼。校风、学风、教风是校园精神在不同方面和层次的具体化、人格化。

（四）校园文化建设要弘扬主旋律，突出高品位

在新形势下，要做好校园文化建设就必须确立校园文化建设的主旋律。校园文化建设作为高校精神文明建设的重要组成部分，就必须把"以科学的理论武装人，以正确的舆论引导人，以高尚的精神塑造人，以优秀的作品鼓舞人"作为校园文化建设的主旋律。

高校不同于一般社会群体，它是一个文化层次比较高的群体。校园文化的最终目标是培养有理想、有道德、有文化、有纪律的新世纪复合型人才，使受教育者形成正确的人生观、价值观、世界观。校园文化活动，无论是从活动的内容上和表现形式上，还是从活动的广度和深度上，都不能也不应该只停留在一般化、低水平上，而是要把开展高品位的文化活动作为校园文化活动的主线，贯穿于校园文化活动之中。因此，应当把理性层次的精神文化作为构建高品位校园文化的立足点和出发点。

构建高品位的校园文化，让大学生在潜移默化中自觉接受陶冶和塑造，提高政治素质、科学素质、人文素质、道德素质、心理素质等综合素质，抵制各种消极腐朽思想的侵蚀、锤炼大学生的精神境界、锻造大学生的人格，使其树立正确的人生观、价值观、世界观，这是新时期高等教育的重要使命。作为培养社会主义高层次人才的场所，高校要利用校园文化大力培养学生分辨真善美与假恶丑的能力，防止他们良莠不分、生吞活剥地去接受某些文化，要引导他们去含芳咀华，吸取人类创造的精神财富。实际上，青年大学生都有提高文艺欣赏品味和提升文化素养层次的愿望。实践证明，在高校开展交响音乐会、自创自演歌曲音乐会、舞蹈、绘画、书法、演讲、朗诵、文学名著欣赏、电影欣赏等活动，都是相当受学生欢迎的。有计划、有目标地开展高层次文化艺术节、学术节、文化周等活动，营造浓厚的校园文

化氛围,用高雅的文化去滋润学生的心灵、陶冶学生的情操、提高学生的品味,培养他们健康向上的精神世界。

加强校园文化的管理,需要学校党委和行政部门高度重视校园文化建设,把校园文化的建设和发展列入学校工作的议事日程。学校党委、校长要亲自抓,要制订出校园文化发展的总体规划,保证校园文化发展的正确方向;要加强校园文化组织管理的骨干队伍建设;要加强校园文化组织管理的整体协调,形成对校园文化建设全方位的组织和管理。例如,广西师范大学举办校园文化艺术节是以"弘扬主旋律,劲掀文明风"为主题,以"拓展学生素质,服务青年成才"为宗旨,从提高大学生的基本素质、专业技能和综合能力等方面入手,将活动分为才艺展示、从业技能、文明修身和风采展示等四大系列,具体包括粉笔字大赛、摄影大赛、舞蹈大赛、小品大赛等项目,围绕大学生的思想道德建设、文明修养和学校的学风建设,取得了很明显的效果。

(五)校园文化建设要满足大学生日益增长的精神文化需求

校园文化是以培育有理想、有道德、有文化、有纪律的"四有"新人为目标,围绕高等学校的根本任务和中心工作,加强思想道德素质建设,努力提高广大学生的科学文化水平,提高为高校精神文明建设整体水平的服务。从根本上说,加强校园文化建设,就是为青年一代的健康成长创造一个有利于开启智能、净化思想、健全身心的良好社会文化环境。校园文化的内容、方式、文化环境及文化氛围,对正在成长中的大学生有着直接的或潜移默化的导向作用,深刻影响着每个学生的思想品行、道德观念、行为规范、生活方式的选择,并承担着导向、辐射教育的重任。它是一种无形的感染力量,能使大学生受到感染,形成一种自觉行动。高校在为经济建设和社会发展培养人才、提供智力支持、充分发挥社会服务职能的同时,也以其大学精神的先驱性示范、引领作用,带动有中国特色的社会主义文化建设。在文化建设模式上,校园文化的发展对社会及其周边地带起到一定的影响作用,使高校成为发展中国特色社会主义先进文化的重要基地、示范区和辐射源。①

二、大学校园文化建设的原则

创建校园文化应做到有计划、有目的地弘扬校园文化,高校要根据社会发展的需要,结合学校的实际条件,确定本校的特色和目标。根据奋斗目标,运用多种管理手段和激励原则,确定校园文化的方式和方法,形成相对稳定的主体文化基调,使校园文化具有方向性、整体性、稳定性。

(一)坚持社会主义方向的原则

文化,作为一种社会意识形态,属于社会上层建筑范畴,其性质和作用由产生它的经济基础所决定,并服务于经济基础。我国的文化是社会主义文化。作为社会主义文化组成部分的大学校园文化,必须以社会主义价值目标作为宣传教育的中心,以社会主义方向作为最根本的方向,以四项基本原则作为政治基础,以马克思列宁主义、毛泽东思想、邓小平理论、"三个代表"重要思想、科学发展观、习近平新时代中国特色社会主义思想为指导,坚持社会主义核心价值体系,更好构筑中国精神、中国价值、中国力量,为人民提供精神指引,围绕社会主义、集体主义、爱国主义和社会主义精神文明建设开展活动。只有这样,才能保证大学校园文化建设的方向性、有效性,才能有效清除和抵制各种错误思潮和不良因素对大学校园文化的影响和干扰。因此,在校园文化建设中决不能为了追求活动的丰富多彩和形式的新颖而忽视政治导向,从而失去先进性和阶级性。

贯彻这一原则的要求:一是要用马克思主义的基本观点正确分

①魏平.校园传统文化读本[M].石家庄:河北科学技术出版社,2017.

析历史文化,准确把握现代文化;二是要对学校各种宣传工具、宣传手段进行引导管理;三是学校开展的各种文化活动,在内容上都应该是健康的,既要体现知识性、娱乐性,又要体现思想性。

(二)坚持系统研究的原则

大学校园文化建设本身就是一个整体。大学校园文化反映着教师、学生在生活方式、价值取向、思维方式和行为规范上的文化,它是一种精神氛围,是维系学校团体的一种精神力量,具有整体性。大学校园文化与社会文化不可分割。强化校园文化建设的整体性,既要把握它的内涵,又要把握好它与整个社会文化建设的整体联系,系统、全面、统一地规划好校园文化建设,以高层次的教育活动、高水平的学术交流活动、高格调的文化娱乐活动和高质量的社会实践活动等丰富多彩的校园文化去营造高校育人环境。

第三节 高校学生管理的内涵

一、高校学生管理工作概述

(一)内涵

高校学生管理是高等学校领导和管理人员,为了实现高等学校学生的培养目标,按照国家的教育方针和各项政策法令,科学地、有计划地组织、指挥、协调学校内部的各种因素——人、财、物、时间、信息等,并对其进行预测、计划、实施、反馈、监督等的一门管理科学。

高校学生管理作为学校管理的重要组成部分,具有十分广泛而深刻的内涵。首先,它要研究管理对象(即青年大学生)的生理、心理特征,知识、能力结构,兴趣爱好及社会氛围对他们的影响,掌握他们的思想变化及教育管理的规律;其次,它要研究管理者本身(即学生工作专职人员)必备的思想、文化、理论、业务素质,以及这些素质的培养和管理队伍的建设;最后,它还要研究学生管理的机制和一般管理的原则、方法,以及学生在学习、生活、课外活动、思想教育中的具体管理目标、原则、政策、法规等。

(二)研究的内容

高校学生管理是一项教育工作,具有教育科学所包含的规律;它也是一项具体的管理工作,具有管理科学所包含的规律。因此,大学生管理是高等教育学和管理学交叉结合产生的一门综合性应用学科。它同所有的管理科学一样,研究的主题是效率,当然具体研究的课题是大学生管理的效率——最有效地达到大学生的培养目标。中国大学生管理就是要寻求按照党和国家的教育方针,实现培养德、智、体全面发展的专门人才的最佳方案,最佳计划、决策,最佳管理体制、组织机构,最佳操作程序。它涉及很多学科:马克思主义哲学、高等教育学、社会学、心理学、管理学、行政学、统计学、控制论、信息论、系统论等。因此,研究中国大学生管理必须广泛运用各种有关的科学理论来分析研究我国大学生的管理实践,使我们的管理建立在真正的科学理论之上,这样才能使从事学生管理工作的同志用科学的管理指导思想和科学的管理手段进行有效的管理。对大学生进行严格管理的过程中,要正确处理以下关系。

1.学生管理与规章制度的关系

高校学生管理要通过制定并实施必要的规章制度来实现。教育部根据党和政府的教育方针、青年大学生成长的特点和长期以来的工作经验,已经制定了《普通高等学校学生管理规定》,这是对大学生进行科学管理的一个基本的法规性文件。各高校也结合自己的实际情况,整章建制,制定了一系列的规章制度。学生管理的实践反过来又丰富了规章制度的内容,使之全面化、科学化。

2.学生管理与思想政治教育的关系

在强调管理工作重要意义的同时,不可忘记思想政治教育的重要保证作用。任何只强调严格管理而忽视思想政治教育,或只强调思想政治教育而置照章管理于不顾的做法,都是片面的、不可取的。因为管理也是教育的一种手段,教育又能保证管理的推行和实施,所以只有把严格管理与思想政治教育有机结合起来,才能使学校工作真正走上井然有序的轨道。这已为实践所证明。①

二、高校学生管理的指导思想与原则

(一)高校学生管理的理论根据和指导思想

我国高校学生管理,主要应注意运用以下几个方面的理论观点和指导思想。

1.坚持马克思主义关于人的全面发展的理论

做好高校学生管理工作首先要解决"为谁培养人"和"培养什么人"的问题。我国社会主义大学的性质决定了必须确保学校培养出来的毕业生,不仅要有扎实的科学文化知识和健康的体魄,而且必须具有高度的社会主义觉悟,也就是要有理想、有道德、有文化、有纪律。要培养这样的新人,就必须按照马克思主义中人的全面发展的教育思想办教育。马克思主义教育思想的核心就是关于人的全面发展的学说,培养德、智、体全面发展的建设者和接班人的教育方针是马克思主义这一理论精髓的具体运用。各级各类学校都要培养有理想、有道德、有文化、有纪律的人才,人的全面发展是建设有中国特色社会主义的本质要求。这都是新时期对马克思主义关于人的全面发展学说的继承丰富和发展,是党和国家的教育方针的具体化。高校要把培养全面发展的"四有"人才作为根本任务和落脚点。

---

① 李华忠. 对高校学生管理工作内涵的探讨[J]. 文存阅刊,2018(24):28-29.

2.运用马克思主义关于辩证唯物主义的理论

马克思主义辩证唯物主义哲学是一切社会科学和自然科学的理论基础。马克思主义的认识论和方法论,渗透于所有社会科学和自然科学之中,也同样渗透于高校学生管理科学之中,要运用对立统一观点,坚持管理的整体观。在纵向上,坚持整体观就是局部与整体的统一,从学生管理工作的整体系统看,组成这个有机整体的各部分又都是一个子系统,是局部。学生管理系统的整体功能是由各部分的组合形式决定的,虽然子系统都各具有特定的功能,但它们都应服从学生管理系统整体的目的和功能,各个子系统的要素都是为了整体目的而建立的。在横向上,坚持整体观就是要处理好各子系统之间的分工与合作的一致性,把各部门都协调到为培养全面发展的人才这一共同的管理目标上来。

3.运用高等教育和现代管理科学理论指导高校学生管理,使大学生管理科学化

现代治校观念要求我们靠现代科学来管理学校、管理学生。具体说来:一要靠教育科学,要遵循教育的外部规律与内部规律办事。比如,高等教育的规模为一定的经济基础所决定,反过来又作用于一定的经济基础。高等院校作为高等教育的主要载体和平台,人才、资源、市场面临着越来越激烈的竞争,理念、体制、结构也面临新的变革和调整。高校要准确把握社会脉搏,直接面对市场办学。大学生管理也要研究新情况,解决新问题,面向21世纪培养高素质的复合型人才。二要靠运用现代管理科学的理论与方法进行管理,使学生管理队伍的组织机构严密、管理制度科学、人员分工合理、职责范围明确、奖惩分明、动作协调、工作高效。运用现代管理科学指导学生管理主要是运用它的基本原理:主要是系统整体性原理、要素有用性原理、动态相关性原理、人的能动性原理、规律效应性原理、时空变化性原理、信息传递性原理、控制反馈性原理等。高校应在管理实践中力争

使管理组织系统化、管理决策科学化、管理方法规范化和管理手段现代化。

4.继承和发扬我国多年来高校学生管理的成功经验

中华人民共和国成立数十年来高校学生管理工作的成功经验是当今学生管理工作的宝贵财富。

第一,社会主义大学必须坚持中国共产党的领导,坚持社会主义方向,这是我国多年来办大学的一条基本经验。坚持党的领导就是用党的路线、方针、政策作为社会主义大学管理的基本指导思想,就是要确保社会主义大学的社会主义方向,调动全校师生员工的积极性,为培养德、智、体全面发展的高级专门人才努力奋斗。坚持社会主义方向,是由我国大学的社会主义性质所决定的,一切管理工作都要根据党的路线、方针、政策去组织、实施。各项规章制度的制定都要有利于坚持我国的基本国策,有利于调动广大师生员工的社会主义积极性,这是衡量管理功能与效益的基本点。

第二,管理工作规范化、制度化,即把符合社会主义方向的,又经过实践检验比较成熟的民主管理和科学管理体制、程序、办法用制度形式固定下来,使工作形成规范,其中心点是责、权、利相结合,使制度的思想性和科学性统一。

第三,坚持理论联系实际的原则,面向社会实践,实行教育与生产劳动相结合。社会主义大学培养的人才必须适应社会主义市场经济的需要,在思想上有高度的社会主义觉悟和共产主义献身精神,在业务上不仅要有理论知识,而且要有较强的分析问题和解决问题的能力,要有实干精神和较强的独立工作能力。

(二)高校学生管理的原则和基本方法

原则是对客观规律的反映,是观察问题和处理问题的准绳。社会主义学校管理学的原则是学生管理的内在关系的规律性的反映,不是任何人随心所欲创造的。在学生管理工作中,管理原则处于承上启下的关键地位,是管理目标和实现管理目标的手段之间的中介。它是学生管理工作中管人处事所依循的法则,是采取有效手段进行管理活动的基本要求。管理原则和管理目标、管理过程、管理方法、管理制度、管理者之间都有密不可分的关系并处于指导地位。

1.高校学生管理的基本原则

社会主义大学学生管理基本原则是根据学生管理工作的目的、任务和培养学生成为社会主义合格人才的客观规律制定的,制约和指导着其他个别和特殊原则。

2.学生管理工作方向性原则

管理是一种有目的的活动,管理工作必然具有方向性。以坚持社会主义方向为准绳,这是我国学生管理工作的一个本质特点。我国是社会主义国家,自然要使高校成为社会主义性质的育人场所。社会的性质制约着学校的性质,进而决定学校一切管理工作的性质。因此,我国的高校学生管理工作,作为一种有目的、有意识的自觉活动,必须坚持党的领导,坚持中国特色社会主义的前进方向,为社会主义现代化建设培养造就大批合格人才,这是高校学生管理工作必须遵循的一条方向性的原则。

3.理论与实践相结合的原则

理论与实践相结合,坚持实践是检验真理的标准,这是马克思主义的基本原理,也是高校学生管理的基本原则。准确领会和掌握马克思主义相关科学及各种管理原理,把握它们的精神实质,是做好学生管理工作的前提。但是管理原理的应用价值和范围,是受不同学校、不同管理对象和管理者水平等因素制约的。党和国家在社会主义现代化建设阶段有着基本的教育方针和政策,在各个不同发展时期,针对不同时期的特点,又提出一系列具体的方针、政策和要求。这些方针、政策和要求,应当体现在各高校学生管理的具体措施、方法之中。但是科学的学生管理必须从本地区、本校、本专业、本年级学生的具体情况出发,从学生的素质、兴趣、爱好和青年的生理心理特点等出发,制定出相应的方法和措施。

4.行政管理与思想教育相结合的原则

培养学生的共产主义思想品德,既需要耐心细致的说理教育,也需要坚持不懈的行为训练,使学校的教育要求变为学生的行为习惯,否则,教育的效果就不会巩固。学生良好行为习惯的训练和培养,离不开科学的管理,没有合理的规章制度、行为规范,思想政治教育就会空乏无力。行政管理在培养社会主义合格人才的过程中具有不容忽视的作用:它为教育工作提供规范、准则和纪律保证,但是具体的大学生管理是通过规章制度、行为纪律对学生的思想行为进行科学的指导和制约。这些制度、措施、纪律表现为社会与学校的集体意志对大学生的要求,表现为对大学生行为的外在限制,想单纯地运用管理制度去解决学生复杂的精神世界问题,是违背教育规律和不切实际的。社会主义高校对学生管理的措施制定与实施,必须以提高学生的认识能力,培养学生自觉遵守规章制度的自觉性为前提。自觉的纪律来源于正确的认识,离不开正确的教育,所以高校只能通过科学而有效的思想教育,帮助学生提高执行纪律的自觉性,才能真正实现管理的效能。

5.民主管理原则

社会主义高校学生管理工作的一个重要方面,就是要培养学生自我控制、自我管理的能力,激励学生在管理中的主动意识和主人翁态度,充分调动学生自我管理的内在积极性。因此,社会主义高校学生管理工作中坚持民主管理的原则是符合整体管理目标的。

从大学生的心理特征看,他们正处于心理自我发现期。在这一时期,他们产生了认识和支配自我、支配环境的强烈意识,他们的思想和行为表现为明显区别于中学生的相对独立倾向,希望自己的意志和人格受到外界更多的尊重。他们会思考学校制定的规章制度、行为纪律的合理性，一般不希望被动地处于服从和遵守的地位，而是要求参与管理。根据社会主义大学的学生培养目标和他们的心理特点，高校在管理工作中应充分发扬民主，把学生看成既是管理对象同时又是管理主体。

在实行民主管理时，高校应注意发挥党团员学生的作用，重视学生干部的选拔与培养。这是调动学生中的积极因素，实现学生民主管理的重要任务之一。

(三)高校学生管理的方法

高校学生管理的方法是根据其管理原则，为实现大学生培养目标而在德、智、体及其他方面所采取的具体方式、步骤、途径和手段。一般有以下四种方法。

1.调查研究

对学生的情况，要经常调查、了解、掌握，及时采取相应的措施处理。调查研究时，要对调查对象、目的、方法作认真规划，不能临时应付，草率从事。调查中不带偏见，坚持实事求是，不能以上级单位或某人的指示、意见为结论，到下面寻找材料佐证。在调查的基础上还要用马克思主义立场、观点、方法，对调查材料、调查事物进行综合分析、研究。

2.建立规章制度

在大学生管理中逐步确立一系列科学的管理制度，这是大学生管理的必要方法。制度要符合大学生身心发展特点，符合教育规律和德智体培养目标的要求。制度既要随着教育的发展而不断完善，又要有其相对的稳定性。

3.实施行政权限

按照学生管理的目标、内容制定一系列规章制度、执行措施和学生行为规范，用行政方法进行管理，并通过相应的管理部门及其人员和师生员工实施检查监督,从而使学生集体或个人的活动达到管理的目标要求。行政方法包含褒扬和惩治两个方面对遵守管理制度、行为符合规范的集体和个人,应予以表扬;对违反管理制度、行为不符合规范的集体和个人,要有明确的限制措施,并用严格的制度约束其中的特别恶劣者。

4.适当运用经济手段

经济手段是行政方法的补充。在学生管理活动中,对学生给予必要的物质奖励或惩罚,就是经济手段。采用经济手段并不意味着行政方法不足以保证管理实施,而是因为直接触及学生的物质利益,它起的作用是行政管理难以替代的。用经济手段进行学生管理时,要注意防止一种倾向,即只重视用经济手段去奖惩,而忽视日常的教育和引导,忽视行政管理的作用。同样,不能只重视用经济手段奖励优秀学生,而忽视用同样手段处罚违纪学生,或者只重视处罚而忽视奖励,导致不能发挥经济手段的作用。

第四节 高校学生管理的历史与基本经验

一、高校学生管理的历史沿革

(一)我国古代大学生管理

大学生管理是伴随着大学的产生而出现的。我国古代的高等学校萌芽于殷商时代,当时大学叫"瞽宗""右学",对学生的入学年限、资格都作了规定。《礼记·学记》记载了国学大学九年的规定,入学资格、年龄依身份而定:王太子15岁入大学,公卿大夫之嫡子20岁入大学。汉代首建"太学"是中央的最高学府,以传授知识、研究专门学问为主要任务的大学是从此开始的。唐代除"太学"外,还有国子学、太学、四门学,同时还确立了实科教育,这是我国封建教育最发达的时期。"太学"的招生,一是由"太常"直接选送,二是由郡、国、县、道、邑选送。标准是德才为主,亦重仪表,一般有年龄限制,但对聪颖超常者则放宽入学年龄。"太学"正式学生有官俸,也可以自费求学。"太学"生毕业后主要经考试录用做官,也可被荐举做官。古代大学入学资格有鲜明的等级性,如唐代规定国子学须文武三品以上官吏子孙,太学须文武五品以上官吏子孙,四门学须文武七品以上官吏子孙。当时,学校初步建立了学制规定,如升级与退学规定、考试与作息规定等。

宋、元、明、清称大学为"书院"。宋朝以后学生管理的学规学则、奖惩制度不断严格,增设了专门管理学生品行的人员与机构。如元朝专设"学正""学录"管理学生,规定其职责是"申明规矩,督习课业"。还建立"黜罚科条",对"应私试积分生员,其有不事课业及一切违戾规矩者,初犯罚一分,再犯罚二分,三犯除名"。到明朝学生管理又前进一步,如国子学的学生可享受优厚的膳食,每年发给一定的衣服、鞋等,节日还有赏钱,还发给探亲费用。但"黜罚科条"更多了,诸如外出衣冠、行动、饮食等方面都必须合乎规范,夜间必须在学校住宿,因故外宿必须告知本班教官等。

(二)我国现代大学生管理

1922年,"新学制"的颁布是我国高等教育进入现代大学阶段的标志。"新学制"(即"壬戌学制")规定:中小学为六三制,初中三年,高中三年,大学四至六年,医科及法科至少五年,师范大学四年。这一学制一直沿用至1949年,其间做过三次修改,但基本体制却是这一时期奠定下来的。

这一时期,出现了一批杰出的教育家,如蔡元培、李大钊、鲁迅、陶行知、竺可桢等。在学生管理方面,他们强调发展学生的个性,实行民主办校、民主管理；对学生要重理解，"倘不去行理解，一味蛮做，便大碍于学生的发展"；对学生重指导，"长者须是指导者、协商者，却不应是命令者"；要求学生追求真理，注重实际。人民教育家陶行知先生提出，"不会种菜，不算学生"，极力主张教育要与实际相结合。这些思想与主张，对现在的学生管理仍有着积极的参考意义。

民国期间大学招生出现新制度。1939年，教育部制定并公布《国立各院校统一招生办法大纲》，明确规定教育部设统一招生委员会，进行统一招考，录取后统一分到各高等学校。

在学生成绩考核及升留级管理制度方面，教育部于1940年制定专科以上学校学生考核办法：学生每学期末均要参加考试，学期考试成绩与平时成绩合并计算；学期考试不及格的，给一次补考机会，但考试成绩不足40分的不得补考应重读；如不及格科目学分数超过该学期所学学分总数的三分之一的令其留级，超过二分之一的令其退学；毕业考试实行总考制，除考试最近一学期科目四种以上外，并须通过以前所学主要科目三种以上，不及格者不得毕业。1941年，教育部又发布专科以上学校学籍管理规则128条，并对考试与升留级作了一些补充规定：专科以上学生的成绩分操行成绩与学业成绩两项，操行成绩不及格者，应令其退学或不予毕业；凡学期不及格科目学分数超过该学期修习学分总数的二分之一以上者，应令其退学，不得补考；毕业考试不及格的科目，可以补考，补考仍不及格，令其重读。[①]

二、高校学生管理的基本经验

中华人民共和国成立数十年来，我国大学生的管理工作经过了一段曲折的历程。当对大学生的管理从我国的实际情况出发，又遵循管理的基本原理时，管理就成功。这些成功的经验和失败的教训，特别是近十年来的管理改革探索，使大学生管理工作逐步走上了科

---

①金粉如. 提升地方高校留学生教育服务质量的策略研究——以延边大学为例[D]. 延吉:延边大学,2018.

学管理的轨道,总结这些正反两方面的工作实践,高校学生管理取得了一些基本的经验,概括地说有以下几点。

第一,高校学生管理必须紧紧围绕我国的培养目标,就是要为培养社会主义的建设者和接班人服务。大学生管理作为一种手段,是为实现我国的教育方针服务的,离开了这个大的目标,一切管理都是徒劳的,甚至还会走向反面。从这个意义上来说,大学生管理更需注重目标管理,在管理中体现高校的引导、传输,使培养的人才符合社会主义建设事业的需要,从而保证教育方针得到贯彻。

社会主义政治、经济制度在我国的确立,决定了我国教育的社会主义性质。社会主义教育同以往封建主义、资本主义教育有着本质的区别,集中表现为坚持党对教育工作的领导,坚持教育为社会主义现代化建设服务,教育与生产劳动相结合,培养德、智、体、美、劳诸方面都得到发展的社会主义建设者和接班人。高校的工作应把培养什么人的问题放在第一位,大学生管理工作当然不能例外。但是在一段时期里,不少学校经常出现偏离这个目标的现象,造成了管理的混乱。1958 年在开展"教育大革命"期间,开展大炼钢铁、大战"三秋",片面地理解教育与生产劳动相结合。过多的政治运动和生产劳动,冲击了正常的教学秩序和管理秩序,影响了教育质量。

第二,高校学生管理必须遵循教育规律,建立健全一整套科学的管理制度。作为管理科学的分支,大学生管理理所当然地要注意吸收国内外创立的关于管理科学方面一切有用的经验和理论,以利于高校实现管理的基本目标。同时也必须看到,对于大学生管理来说,它具有自身的特殊性。高校的管理对象是大学生,大学生不只是体现了人的要素,而且是受教育者。他们既不同于中学生,也区别于走上工作岗位的干部。因此,对大学生的管理又必须遵循教育规律,必须按教育学、心理学揭示的科学规律来进行管理。如大学生智育与德育体育的关系问题,知识的获得与能力的发展问题,课堂教学和社会实践关系问题等。在心理学方面,要重视和研究大学生的注意、感觉、知觉、记忆、思维、想象、情感、意志、气质、性格、能力等心理活动,使高校的管理把握大学生的心理状态,使管理更切合实际。应该看到,现代大学生一方面希望成才,渴求理解;而另一方面,他们通常脱离实际,缺乏实际工作能力,高校的管理就应该体现它的针对性和有效性。一些高校开展大学生心理咨询活动无疑是加强管理的一项有效措施。科学的心理咨询,可以排除大学生的心理障碍,引导大学生正确地思考和观察问题,防止一些不幸事件的发生,使一些矛盾和问题解决在萌芽状态。这些管理都是教育学、心理学及有关科学综合运用的成果。

管理作为一种手段,主要是借助各种规章制度、办法来实现其目标。科学的管理从本质上讲是法治——依法治理。管理的许多原理就是通过这些规章制度、办法使之具体化,进而加以落实。就大学生管理来说,建立一系列德、智、体和日常生活各方面的管理制度,就是一种约束和规范,把全体学生的思想、行为引导到培养目标上去。人们常说的管理也是教育,正是通过这些管理制度来实现的。

要建立一套管理制度,首先,必须具有科学性,这套制度要符合客观的实际情况,符合事物发展的规律。要建立大学生的管理制度,就必须认真进行调查研究;要了解大学生,建立的制度既要符合大学生的实际状况,又要体现培养要求,具有可行性。有些制度还需考虑本地区或本校学生的具体情况,制定各项制度必须从实际出发,实事求是,理论要联系实际。其次,作为制度必须有可操作性,什么该做、什么不该做、做了又如何检查,都要有明确条目,这样就便于执行和贯彻实施。所谓有法可依,就是按规章办事。在这方面,特别要重视制度的配套建设。

教育部公布的《大学生行为准则》和《普通高等学校学生管理规定》等都是总结了长期以来大学生管理的经验,而制定的基本要求或法规。有了这些规定，就可以照章办事。当然，在执行中，高校还必须结合本地区、本校的实际，对有些原则的规定加以具体化，提出实施办法。

规章、制度办法建立后，必须强调严格执法，要定期地进行检查和反馈。有法不依，不仅影响这些法规的严肃性，而且还降低了执法者的威信，是极其有害的，必然导致管理的混乱无序。

第三，高校学生管理必须建立一支训练有素的管理队伍。科学完善的管理制度，需要管理者去制定和执行，建立一支训练有素的管理队伍是做好大学生管理的关键和根本保证。近几年来，大学生管理队伍不断地得到充实和加强，但在大学生管理队伍中还有不少人存在着模糊的认识：一是认为大学生管理只是些琐碎的事务性工作，而不认为它是一门科学，同样有许多课题需要研究，因而工作水平只停留在处理具体工作上，缺乏深入的理论研究；二是大学生管理面广量大、工作繁重，不如教学工作专一，远不如当个教授、讲师实惠；三是管理队伍待遇问题解决得不好，职称评定难度高，进修、出国机会少等。所有这些都导致大学生管理队伍不够稳定，一定程度上影响了管理的效能。

要提高大学生管理水平，首先必须提高管理者的素质。大学生管理者应该是专业人才，特别是管理理论成为一门迅速发展的学科后，管理工作需要有管理理论和管理技能的专门人才，大学生管理队伍成员必须不断学习、进修，在实践中理论联系实际，不断地提高。那种称管理者是"万金油"的陈辞必将被抛却。同时，管理者既是管理职权的拥有者，也应是热情的大学生工作服务者，是大学生的良师益友。一方面他们以自己良好的政治品质和道德品质来影响学生，对大学生进行宣教、激励、培养、训练，其言论、行为都具有潜移默化的教育作用；另一方面，他们也正是通过完成任务、实现目标来为大学生服务。大学生管理者不仅应该懂得管理学，还应懂得教育学、心理学、公共关系学、文学、美学等。此外,他们还应加强自身能力的培养,包括组织能力,对大学生做思想工作的能力,调查研究、独立解决问题的能力等。

大学生管理不是单个管理者的孤立行为,而是多序列、多层次管理者集体的协同活动。大学生的管理面广量大,从招生、培养到毕业、就业,各个环节都以学生为中心,必须形成一股合力。在这方面,教师因教书育人而具有特殊的感染力。因此,专业教师也应是大学生管理队伍中不可缺少的一员。只有多方位的不同层次的教育,管理才能更严密、更有效。

要加强和稳定大学生管理队伍,除了在政治上关心、在业务上给予提高、明确岗位职责、严格要求,在生活上和其他待遇上也应给予关心和落实,使他们能更专心致志地做好本职工作。

第四,高校学生管理必须学校各部门齐抓共管。毛泽东同志早就指出:"思想政治工作,各个部门都要负责任。共产党应该管,青年团应该管,政府主管部门应该管,学校的校长教师更应该管。"思想政治教育工作是这样,大学生管理工作同样如此,需要学校各部门齐抓共管,形成合力。我国的大学对大学生的管理,除学习之外,还包括生活上的管理,从行政管理、教学管理、课外活动管理到后勤管理都是大学生管理的重要内容。因此,必须改变大学生管理只是行政管理部门的事,更不能认为只是一些辅导员、班主任的事,齐抓共管是由高校的培养目标所决定的。管理育人、教书育人和服务育人是全面管理大学生的经验的总结,也是学校的根本任务。

要做到齐抓共管,学校不仅在认识上,而且在组织上,应加以落实。有些高校建立定期的学校各部门联席会议制度或学生工作领导小组等,在协调学生管理等方面都起到了积极的作用,收到了较好的效果。

第二章　高校校园精神文化建设

第一节　高校校园精神文化建设的内涵与特征

高校校园精神文化是一所高校本质、个性、精神面貌的集中反映,是校园文化的最高层次。通过各种载体和多种形式所倡导的价值观念、道德规范和行为准则,以启迪、熏陶、感化和塑造等方式潜移默化地引导和规范学生的思想行为,帮助他们树立坚定的共产主义理想和信念,树立科学的世界观和正确的人生观、价值观,养成良好的道德品质和文明行为,在学生中形成爱国、爱党、爱校、知荣明耻的良好而和谐的校园精神文化氛围。

一、高校校园精神文化的内涵

校园精神文化是在特定历史条件下,在长期的教学、工作和生活等多方面的实践中逐步形成和发展起来的,为学校人所认同的一种群体意识。它包括学校的办学思想、发展目标、价值观念、道德规范、学术风气、治学风格和学校的传统作风等。积极进取、健康向上的校园精神文化,是规范和指导教师及学生思想行为的无形力量,对提高全体成员的道德素质,激励师生员工肩负起热爱学校、建设学校的责任感,以及调动全体师生勤奋学习、努力工作的积极性、创造性,有着不可替代的重要作用。在校园文化建设中,应以校园精神文化的塑造为重点,着力建设具有鲜明时代特征和学校特色的校园精神文化,使其成为激励师生员工奋发进取的群体意识。所以高校校园精神文化主要是指高校的历史和传统精神,校园精神文化是大学的内隐文化,是在长期的校园物质文化、制度文化创造过程中积淀、整合和提炼出来的。它包括学校所有成员的群体意识、精神风貌、舆论氛围、心理素质、人生态度、人际关系、价值取向、思维方式和教风学风等。它是由高校的地域、民族、职业、历史文化的影响和知名学人(包括教师、学生、校友)的品格、气质、生命力和创造力共同孕育的。高校校园精神文化的内涵应包括以下几个方面。

(一)高校校园精神文化是一种历史和传统文化

无论建校时间长短,每一所学校都有自己的发展历史,都会有自己的特点。所谓校园精神文化的建设,就是创建有自身特色的学校,紧跟先进文化发展的潮流,着眼于社会需求,发挥学校的传统与优势、发掘本校的潜力、发挥本校的特长,把学校办得与众不同。如北京大学的"教授治校,民主办学,学术自由,兼容并包"的办学指导思想,鲜明地体现出这所大学的办学风格,也使在这种校园精神文化熏陶下的学生在立身行事上有较强的个性。

(二)高校校园精神文化是一种民族文化

民族文化对学生的发展,特别是对学生民族气质和文化性格的塑造,起着极为重要的作用,建设具有民族文化特色的校园文化,不仅可以激发学生的民族情感,培养学生的民族认同,还可以让学生了解本民族的传统文化的源流、发展,学习传统文化的技巧,从而实现学生知情意的全面发展,实现学生作为一个个体的安所遂生。高校校园精神文化作为一种行为模式(包括制度、规范、认知模式、情感模式、心理模式、审美模式等)的民族文化,调节着民族群体与生存环境、民族社会群体内部、民族个体与社会等多重的关系,并塑造着民族社会的理想人格,为个体提供归属感、幸福感和心理上的依托。同时,民族文化的这些价值和内在意义又通常被符号化、系统化,以象征的方式表现出来,这就使民族文化涂上了五彩缤纷的颜色和鲜明耀眼的个性特征,而且在某种程度上决定着一个民族的世界观。

(三)高校校园精神文化是一种地域文化

一方水土孕育一方文化,一方文化影响、造就一方社会。不同社会结构和发展水平的地域自然环境、民俗风情习惯、政治经济情况孕育了不同特质、各具特色的地域文化。诸如齐鲁文化、秦文化、蜀文化、巴文化、徽文化等不同个性特质、各具鲜明特色的地域文化,代表了不同地区的优秀文化传承。

(四)高校校园精神文化是一种职业文化

高校校园精神文化是一种职业文化。高校教育在一定意义上是一种职业教育。校园精神文化建设要以实现培养目标为目的,以培养学生职业能力与职业素质为主。加强学生的职业素质养成教育,要不断提高学生的职业能力和职业素质,培养学生的创新意识。要注意吸收职业文化与职业精神。校园内的各种基础设施、校园环境、校内外实习实训基地建设都应渗透职业文化与职业精神,使之有利于学生走上社会后能较快地适应实际工作岗位。

二、高校校园精神文化的特征

高校校园精神文化集中体现了高校独特、鲜明的个性和办学理念,反映着高校的追求和信念。所以高校校园精神文化具有以下特征。

(一)校园精神文化的时代性

作为文化中心的高校所构建的校园精神文化,要与我国在当前提出建设民族的、大众的文化基本纲领协调一致,要为实现这一奋斗目标提供精神动力、智力支持和良好的人文生态环境。因此,现代中国高校的校园精神文化既不单纯是传统文化的人文精神,也不单纯是工业社会的人本精神。它应当既充分吸收东西方文化精神的精华,又具有中国特色;既有助于推动精神文明建设,又充分体现人类终极关怀的价值目标。

(二)校园精神文化的实践性

校园精神文化存在着主客体关系,主体是教师、学生,客体是校园文化形态,而实践是主客体的中介和统一,校园文化在实践中形成和发展,在实践中创造了主体。高校是培养高级人才的摇篮,求真、求善、求美是一名大学生必备的品质,因此,校园文化必然显现出实践性的特点。发展校园文化的过程,实际上就是学生自我表现、自我教育、自我管理、自我提高、不断实践的过程。对于高校来说,校园精神文化最现实的生命力昭示和最生动的价值性体现,就是大学生创设的校园精神文化实践的舞台,如学生社团、艺术节、运动会等。

(三)校园精神文化的创新性

高校校园文化是以促进人的文明化、现代化的教育为理念,以促进人的创造个性和个性发展为根本目的。所以培养、发展创新精神是校园精神文化理应追求的教育目的和人文理念。校园精神文化要保持自身的一种特殊文明形态和文化群落的人文本性,就必须承担起以创新精神为关注对象的人文使命,对大学生主体创新精神的召唤,实际上就是对校园文化人文使命精神的弘扬。所以创新是校园精神文化建设的精髓。

(四)校园精神文化的继承性

校园精神文化必然带有学校在几十年甚至上百年发展过程中的历史积淀而表现出来的自身特点。如清华大学"自强不息、厚德载物"和哈尔滨师范大学"敦品励学、弘毅致远"的校训,分别鲜明地体现出这两所大学不同的办学风格。①

三、大学精神是高校校园文化建设的核心

大学精神是大学自身存在和发展中形成的具有独特气质的精神形式的文明成果,是科学精神的时代标志和具体凝聚,是整个人类社会文明的高级形式。面临知识经济的机遇和挑战,建设大学精神不仅是高等教育自身发展的需要,同时也是社会进步的需要。大学精神的本质特征概括为创造精神和社会关怀精神。

大学精神是高校的安身立命之本,是推动高校健康发展的内在精神力量。所谓大学精神,是指高校在长期的发展过程中,经过历史的沉淀、选择、凝聚所形成的能够体现高校独特的办学理念、个性气质、精神风貌、道德水准和文化品味,并为学校师生员工所认同的一种理想信念、价值取向、行为准则和群体意识,是高校生存与发展的精神根基。大学精神的内涵极为丰富,是高校内在共性和独特个性的集合体。其内在共性体现在,高校作为探求学术和真理的神圣殿堂、文化创新和知识传承的基地、培养高层次人才的摇篮,在其历史发展的长河中,逐渐形成的高校人所共有的一些思想品质和价值理念。诸如大学精神所蕴含的民主精神、科学精神、批判与包容精神和传承与创新精神等。这些精神相互关联、相互促进,表现着大学精神的一般特质,共同构成大学精神文化的精髓。其独特个性体现在,每一所高校都有其独特的文化品质和精神气质,展现了与其他学校不同的精神风貌和个性特点。

(一)大学的创造精神

创造精神是大学精神存在的价值所在,是大学在社会有机体中保证自身地位的根本生命力。文化的继承不能依赖遗传,只能通过

---

①曾辉. 社会主义核心价值观引领高校校园文化建设研究——以成都三所高校为例 [D]. 成都:西华大学,2017.

传递方式继承并发展下去。教育从一开始就成为传递和保留人类文化的重要手段。爱因斯坦正是在这个意义上理解学校的:"学校向来是把传统的财富从一代传到下一代的最重要的手段。"与过去相比,这种情况更加适用于今天。由于经济现代化的作用,作为传统的教育的传递者——家庭,已经被削弱。因此,比起以前,人类社会的健康和延续,要在更高程度上依靠学校,大学教育通过确立教育内容,对人类文化进行选择,对人类文化进行整理。通过更新教育观念、更新人们的价值观念、更新人们的价值取向,改变思维方式,实现文化的再生。

大学是以人才培养为己任的,而创造性恰恰是人才的核心特质。曾任哈佛大学校长40年之久的艾略特认为,高校校园文化最有价值的成果是使学生具有开放的头脑,经过训练而谨慎的思考态度,谦恭的行为,掌握哲学研究方法,全面了解前人积累的思想。爱因斯坦更直接地认为:"学校的目标应该是培养有独立行动和独立思考的个人,不过他们要把社会服务看作自己人生的最高目的。一个由没有个人独创性和个人志愿的规格统一的个人所组成的社会,是一个没有发展可能的不幸的社会。"

大学也创造社会理想,并把这些理想传递给社会成员,通过人们的实践,使理想变成现实的文化实体。社会理想是社会需要的具体反映,这种需要是反映社会发展规律并以社会发展规律为基础的。由于在文化积累方面的特殊优势,知识分子,特别是集中在大学校园里的知识分子比其他社会成员更能认识社会发展规律。有了对社会规律的认识,就能够提出符合社会发展规律的社会理想。

(二)大学的社会关怀精神

高等教育是社会发展的必然产物,社会需要是第一推动力。在工业化、信息化的社会里,大学已经被越来越深入地卷进社会机器的运转之中。关注现实、服务社会成为高校的第三职能,高等教育通过科学研究直接转化为社会第一生产力——科学技术;通过人才培养,为社会提供生产力中最活跃的因素——高质量的人力资源。社会关怀精神还表现在大学对社会精神文明的参与和建设。除了在生产力方面对社会的贡献,大学通过直接的人文社会科学的研究和宣传为社会提供精神产品,包括哲学研究、文学创作与批判、思想道德建设等。知识分子在提炼和批判社会生活的同时,又把各种精神产品投资到社会,为社会主义建设提供直接的内容。

四、在高校开展精神文化建设的重要作用及意义

大学精神在高校校园文化建设中具有十分重要的地位和作用。校园文化是一所学校风格和精神的集中体现,承载着课堂教学无法替代的价值功能。高校校园文化可分为校园物质文化、精神文化、制度文化、行为文化、社团文化、媒体文化等几个方面。其中,校园精神文化是校园文化的精神内核,在学校的发展中起着引导的作用。大学精神作为校园精神文化中的主体精神,是高校校园文化的核心。实践证明,大学精神一旦形成,就会通过各种文化形式和活动载体,内化为师生一种坚强的内在精神力量,并以其特有的导向、凝聚、激励、塑造等功能,在大学生价值观的培育和形成方面发挥重要作用。同时,校园文化也是大学精神的具体化的表现形式。高校校园文化建设对大学精神的养成有着重要的意义,把握校园文化的特点,加强校园文化建设内容的针对性和时效性,对于提升大学精神有着深远的意义。

(一)大学精神推动校园文化建设

校园文化是大学精神的载体,大学精神的塑造和发扬应与大学校园文化的建设同步进行。值得注意的是,校园文化不仅包括物质文化,还包括制度文化和观念文化,而且制度文化和观念文化在某种程度上比物质文化(校园环境建设)更为重要。很多大学只重视校园环境硬件方面建设,而相对忽视校园制度文化和观念文化——软件方面的建设。因为校园环境的改善是看得见的,而制度和观念文化的建设却不能很快收到成效。这种短视行为,使大学校园文化中制度文化和观念文化成为"软肋",带来了不少显而易见的不良现象。因此,校园文化要通过对大学生德、智、体诸方面的全面培养,形成其健全的人格素质,把体现大学精神的科学态度、文明风范、价值观念等带到社会,影响和感染其他人。

1.弘扬优良传统,实现文化引领

要在大学精神的传承与创新中推进高校校园文化建设。大学精神既是高校历史文化的积淀,又是时代精神的升华。作为中华民族传统历史文化的一种传承和发展,我国许多高校的大学精神均融合了中华民族优秀文化传统精神的元素,成为这些高校生生不息、永葆活力的宝贵精神财富。同时,大学精神也与高校自身发展的历史传统息息相关。它既要植根于历史传统,也要立足于现代,与以改革创新为核心的时代精神相契合。总之,大学精神的传承精神和创新精神为高校实现文化引领,推进校园文化建设奠定了深厚的文化根基,提供了源源不竭的精神动力。

2.凸显人文关怀

要在人文精神与科学精神的交融中推进高校校园文化建设。在高校,大学生既是大学精神的创新和培育主体,也是校园文化的建设主体。在高校校园文化的建设中,必须坚持以学生为本,凸显人文关怀,大力弘扬和培育人文精神和科学精神。在实践中,既要把教育人、引导人、鼓舞人与尊重人、理解人、关心人结合起来,把人文关怀送到校园的每个角落,又要在高校校园内营造一种追求真知、崇尚科学的气氛。这样,才能不断提高大学生自身的人文素质和科学素质,并充分发挥其在建设校园文化中的主体作用。

（二）精神文化建设是高校文化建设的核心

大学历来是继承、传播、创造先进文化的重要基地，同时也是各种意识形态交汇激荡的重要场所。因此，大学在发展过程中必须加强精神文化建设。既要教学生做事，又要教学生做人；在注重科学技术教育的同时，重视精神文化教育，这才是以人为本的教育。我国高等学校肩负着为社会主义现代化建设事业培养"四有"新人的重任，是精神文明建设的重要基地，对文化的发展具有继承、吸收、创造、传播的功能。

高校通过系统、持久、有选择、大规模的教学活动，可以把民族优秀传统一代代地传播下去，让文明之光生生不息。高校在继承本民族优秀传统文化的同时，善于吸收、借鉴世界各民族的优秀文化，在中外文化的融合碰撞中，根据时代的需要，努力创造出新的文化成果，不断把有中国特色的社会主义文化推向前进。最后高校在培养人才的过程中建设先进文化。先进文化是在培养专门人才的过程中传播和创造出来的，专门人才又是先进文化所熏陶哺育出来的。高校精神文化就是要准确地反映中华民族在各个历史时期及发展过程中的基本要求和愿望，准确体现中华民族的优秀传统和精神，并昭示和预见中华民族发展的正确方向。

（三）规划化的教学设施是高校文化建设的保障

一所学校要建设规范化的教学设施，教学设施作为硬件系统，是学校文化建设的保障，学校通过对校园合理布局、建筑物装饰、名人塑像和绿化美化等景观建设，为学校发展提供优美的物质环境。其次，还要对各种硬件赋予其文化内涵，如饱含历史和文化精神、人文理念的"北大红楼"，虽然很简朴，但经历过无数的风风雨雨，见过多少大师，当师生站在其面前，历史、文化内涵、先贤哲言扑面而来，仿佛就在眼前，文化教育意义胜过谆谆教诲。学校可对教学设施进行文化定位,对教学楼、体育馆等进行主题命名,点明今后教育内容和发展方向,在日常工作中,对硬件环境进行文化打磨,开展各种德育活动、名人演讲、专题学习,引导师生参与,增加文化底蕴,实现硬环境的人文化,提高其育人功效,最终实现优雅育人环境与充满文化内涵的教学设施充分结合,全面发挥环境在塑造和熏陶学生中的作用,做到环境影响人的发展,为学校文化发展提供动力。

总之,精神文化建设是学校文化建设的核心,学校要确定办学理念,为校园文化发展提供理论基础,既要继承优良传统,又要敢于创新。从培养人才的角度出发,实现师生共同发展。

第二节　高校校园精神文化建设的途径及方法

校园精神文化包括体现学校特色和精神的优良传统、校训校风、人文精神和科学精神等。它是师生员工精神的避风港和养分的补给所。它虽然看不见、摸不着,但是一旦形成,就建立起自身的行为准则、价值取向,生活习惯和规范体系。它可以通过各种文化仪式来引导群体成员的行为、心理,使其在潜移默化中接受共同的思想引导、情感熏陶、意志磨炼和人格塑造,产生一种巨大的向心力和凝聚力,对学校师生员工的思想和行为起约束作用,使他们自觉地正视道德冲突,解决道德困惑,明辨是非界限。它的形成、传播和发展,充满着创造活力和创新精神,能激励学生探索奥秘、增加求知的自觉性和解惑的主动性,促进大学生创新能力的培养。

一、高校校园精神文化建设的基本途径及方法

(一)要逐步开展校风、教风和学风等相关建设

首先,是校风建设。校风是全校师生员工共同努力,在长期教育

管理中逐步形成的,相对稳定的精神状态和作风。它是道德情操、学习风尚、工作态度的综合反映。从校风体现形式上看,主要表现在校训、校歌、校徽和校旗上。优良的校风激励着教师为人师表、教书育人,也鞭策学生勤奋学习、积极向上。其次,是教风建设。教风是教师在长期教育实践活动中形成的教育教学的特点、作用和风格,是教师教育理念、道德品质、文化知识水平、教学技能等素质的综合表现。最后,是学风建设。学风是指学生集体在学习过程中表现出来的治学态度和方法,是学生在长期学习过程中形成的学习习惯、生活习惯、卫生习惯、行为习惯等方面的表现。

1.校风建设

校风建设实际上就是校园精神的塑造,校风作为构成教育环境的独特因素,体现着一所学校的精神风貌。在校风体现形式上,校风主要表现在校训、校歌、校徽和校旗上。好的校风具有深刻"强制性"的感染力,使具有不符合环境气氛要求的心理和行为的人,时刻感受到一种无形的压力,使每一位校园人的集体感受日趋巩固和扩展,形成集体成员心理特性最协调的心理相容状态。好的校风具有对学校成员内在动力的激发作用,催人奋进;好的校风对学校成员的心理发展具有保护作用,对不良的心理倾向和行为具有强大的抵御力量,有助于有效排除各种不良心理和行为的侵蚀和干扰。

2.教风建设

教风是教师在长期教育实践活动中形成的教育教学特点、作风和风格,是教师道德品质、文化知识水平、教育理论、素质等的综合表现。要抓好校风建设首先必须抓好教风建设(包括工作作风建设),因为学校是育人的场所、人才的摇篮,而教师是人才的培养者,理应在"三育人"(即管理育人、教书育人、服务育人)的过程中发挥主力军的作用,只有在干部职工中树立起实事求是、艰苦奋斗、勤政廉政、团结协作、高效严谨、服务周到、细心耐心的工作作风和在教师中树立起为人师表、教书育人、治学严谨、认真负责、耐心细致、开拓进取的教风,才能引导和促进勤奋学习、积极向上、严谨求实、尊师重教、遵纪守法、举止文明的优良学风的形成。总之,没有良好的工作作风和教风就难以形成良好的学风。

3.学风建设

学风是指学生集体在学习过程中表现出来的治学态度和方法,是学生在长期学习过程中形成的学习习惯、生活习惯、卫生习惯、行为习惯等方面的表现。优良学风像校风、教风一样,对学校教育教学质量的提高,学生人格品质的发展和完善,培养学生成为德、智、体、美、劳全面发展的接班人,都有重要意义。学风不仅受校风、教风的影响和制约,而且对校风、教风的形成起促进作用。优良的学风对学校教育教学质量的提高,学生人格品质的发展和完善具有重要意义。

4.学校人际关系建设

学校人际关系包括学校领导之间的关系、学校领导与教职工之间的关系、教师之间的关系、教师与学生之间的关系、学生与学生之间的关系。良好的学校人际关系有助于广大师生员工密切合作,形成一个团结统一的集体,更好地发挥整体效应。

(二)大力开展第二课堂文化建设

第二课堂在高校校园精神文化建设工作中起着特别重要的作用。高校对学生的培养教育主要是通过两大课堂同时进行的:第一课堂是进行教学活动,对人才培养提出普遍性要求,解决的是共性问题;第二课堂是在教学计划之外组织学生开展的各种有意义的教育活动,主要包括政治性、学术性、知识性和娱乐性的活动。第二课堂的目的是发挥学生的特长,解决的是特殊性、个性的问题。第二课堂文化活动的实践作为一种特殊教育渠道,能够达到第一课堂教学所无法代替的教育效果。丰富多彩的第二课堂文化活动可以形成良好的环境氛围,有利于学生陶冶情操、拓展视野和丰富知识。

(三)充分认识和利用网络文化

高校要站在时代的高度,走在信息革命的前列,以敏锐的眼光认真研究、总结和把握网络文化的客观规律,充分利用网络这一载体广泛传播文明、抵御不良影响、占领校园网络阵地。要让主题鲜明、丰富多彩的精神文化网站、网页成为高校校园多层次、立体化、综合性校园文化和教育体系的前沿阵地。网络有利于提高校园精神文化和思想政治教育的针对性、实效性和主动性,扩大了教育覆盖面,增强了影响力,受到广大师生的欢迎。

二、高校校园精神文化建设的基本原则

大学是知识分子思想自由奔放的家园,大学精神充分体现、弥漫于校园文化中。较之于社会的其他角落,大学校园显得更为纯净。身居其中的大学人也不知不觉地受校园文化的影响和熏陶,而表现出不同的性格特质。特定的校园文化熏染出特定的群体个性,特定的群体个性中透露和折射出特定的大学精神。校园文化的核心内容是精神、价值、作风和理想追求,美丽的校园环境只能给人留下表面印象,而校训、学风、教风、传统、讲座等价值层面的成分才真正给人以深刻的启迪和实实在在的影响。因此,塑造或发扬大学精神也必须不断加强校园文化的建设,尤其是制度文化和观念文化的建设。

高校校园精神文化的建设不是一蹴而就的事情,而是一个继承、借鉴、创新的综合过程。具体应围绕以下几个基本原则进行。

(一)科学教育原则

科学精神不仅是精神文化建设的重要内容,也是高校教学的重要目的。这就要求教师在教学过程中要具有科学的理念,运用科学的方法,强化自身的科学精神和态度,率先垂范为学生树立榜样。同时在教学过程中要培养实事求是的科学态度,把解放思想和实事求是结合起来。另外,在日常生活中要坚持真理,反对谬误,提升自身的鉴别能力。在纷繁复杂的社会环境中,努力尊重客观事实和规律,从实际出发,按客观规律办事,使科学精神在现实生活中得到体现。校园精神文化建设是学校的一项整体工程内容之一,涉及面广,需要调动各个方面的力量,学校应精心统筹、科学规划、合理安排,避免出现各行其是、相互掣肘的局面。

(二)正确建构大学生德育观、注重人文精神的原则

古人云:"百行以德为首。"人无德不立,国无德不兴。道德建设的好坏,体现着一个国家民众精神状态。道德兴,国家兴;道德兴,民族兴。这是现实得出的结论。学校是教育人、培养人的场所,校园文化作为学校教育的一部分,首先必须突出教育性特点,时时处处把握教育性原则,只有这样,才能充分发挥校园文化潜在的导向功能。通过各种有效形式对学生进行爱国主义、集体主义、社会主义和中华民族精神教育,探求激发学生学习成才的规律,使学生的综合素质不断提高,在形成正确的爱国成才观的基础上提高学习成绩。

精神是人把握世界的价值取向,人文精神则是人把握人与社会和人与人关系的价值取向。把人文精神融入高校人才培养的全过程,落实到教育教学的各个环节,这是高校校园精神文化建设的客观要求和必然趋势。要引导学生根植于中华民族优秀的传统文化,客观地学习民族历史,全方位地了解中国国情,进而增强民族的自尊心和自豪感,同时,培养学生做人的责任感,提高他们的思想认识,完善他们的道德境界。在人文精神培养中,让人的本性、人的尊严、人的潜质得到最大的实现和发展。

注重人文精神,高校还应同时开展理想信念教育,提升大学生精神追求。理想与现实之间的互动,是一个社会稳步向前迈进的永恒的因子。正因为如此,必须始终对人们进行理想教育,使人们对现实保持适度的超越。尤其是在市场经济改革的历史进程中,大学生的理想信念教育更是不容忽视。进行理想信念教育,就是要把理想信念教育与引导大学生理性地追求合理的个人利益结合起来,帮助大学生正确地处理各种利益关系。针对不同学生的思想实际,确定不同的教育起点,从而使理想信念教育深入人心,最终达到提升大学生精神层面的需求的目标。

(三)统筹协调、不断创新的原则

大学文化建设是一项复杂的系统工程,要做到整体规划与分步实施相衔接,共性文化与个性文化相协调。既注重顶层设计,也要做好任务分解和责任落实;既彰显学校文化的共同特征,也鼓励基层单位结合自身特点开展个性文化建设。与此同时,大学文化建设还要面向学校发展战略目标和国家建设需要,不断赋予学校精神文化以时代精神,既要发掘、传承学校的历史与文化,又要解放思想、勇于创新。在秉持科技特色的同时,发展人文精神;在弘扬中华民族优良传统的同时,加强国际交流与借鉴,在实践中不断提升高校校园精神文化建设的各个方面。①

三、高校精神文化建设中应当处理好的关系

(一)要处理好传统和现代的关系

高校校园精神文化的塑造,离不开中华民族的优秀文化传统。五千年的悠久历史,给我们留下了博大精深、源远流长的传统文化。团结统一、独立自主、爱好和平、自强不息等传统为校园精神文化建设奠定了深厚的文化底蕴。因此,在校园精神文化的塑造中,要正确处理好继承与发展的关系,"取其精华,去其糟粕",对其中凡是能够凝聚人心、塑造崇高精神、适应时代发展、推动历史进步的内容都要

①裴鹏,丁清淑. 新时代中国特色高校体育文化与留学生人才培养互通性研究[J]. 北京体育大学学报,2019,42(5):130-138.

很好地继承和发扬,而对那些封建、愚昧、落后,甚至腐朽的东西,则要坚决彻底地抛弃,要坚持用代表中国先进文化前进方向的优秀文化占领高校的思想文化阵地。

(二)要正确看待虚拟与现实的关系

互联网的迅猛发展和广泛应用,标志着我国开始进入信息时代。高校的教职工和学生以其较高的科技文化素养和便利的工作学习条件捷足先登,率先进入网络时代。网络及网络文化在校园的兴起,给高校校园精神文化建设既带来了机遇,又提出了挑战。一方面,网络以其信息量大、传播速度快、工作效率高、空间广阔、多媒体运用等优势,给教职工和学生的学习生活带来了极大的便利;另一方面,隐藏在互联网中的一些不良因素,也会给教职工特别是青年大学生的思想观念、价值观念、行为方式等带来消极影响。

(三)要处理好课堂教学与养成教育的关系

高校以课堂教学为主战场,但是许多良好的习惯和作风是在教育中形成的,在教育教学过程中,养成教育是形成良好校风、学风的关键。良好的日常行为习惯是学生从事其他活动的重要前提,而良好行为习惯的养成则是优良品德形成的重要标志。因此,在教育过程中要特别注意良好行为习惯的养成教育。

第三节 高校校园心理辅导教育的开展

一、现代大学生心理健康问题解决的途径与方法

在当今的大学校园,学生朝气蓬勃、充满想象力和竞争力,给人一种年轻、向上的力量。大学生处在人生的第二次"断乳期",有了完

全自我发展和定义的空间,脱离了高中时期老师束缚式的管理模式,来到相对自由自主的大学生活,在心理和生理层面都会发生不小的变化,很多学生会产生不适应的心理。这一时期,大学生开始形成最后影响一生的世界观、价值观。

(一)消除心理问题

1.培养大学生良好的人格品质

培养大学生良好的人格品质,首先,应该正确认识自我,培养悦纳自我的态度,扬长避短,不断完善自己。其次,应该提高对挫折的承受能力,对挫折有正确的认识,在挫折面前不惊慌失措,采取理智的应付方法,化消极因素为积极因素。挫折的承受能力与个人的思想境界、对挫折的主观判断、挫折体验等有关。提高挫折承受能力应努力提高自身的思想境界,树立科学的人生观,积极参加各类实践活动,丰富人生经验。

2.养成大学生科学的生活方式

生活方式对心理健康的影响已为科学研究所证明。健康的生活方式指生活有规律、劳逸结合、科学用脑、坚持体育锻炼、讲究卫生等。大学生的学习负担较重、心理压力较大,为了长期保持学习的效率,必须科学地安排好每天的学习、锻炼、休息,使生活有规律。学会科学用脑就是要勤用脑、合理用脑、适时用脑,避免用脑过度引起神经衰弱,使思维、记忆能力减退。

3.加强大学生自我心理调节

大学生处于青年期阶段,从心理发展的意义上说,这个阶段是人生的多事之秋,经验的缺乏和知识的幼稚决定了这个时期人的心理发展的某些方面落后于生理机能的成长速度,因而在其发展过程中难免会发生许多尴尬、困惑、烦恼和苦闷。这些心理问题如果总是挥之不去,日积月累,就有可能成为心理障碍而影响学习和生活。要解决这些问题,需要让学生正视现实,学会自我调节,保持同现实的良好接触。进行自我调节就是充分发挥主观能动性去改造环境,努力实现自己的理想目标。所以大学生在学习过程中应学会自我心理调适,保持心理健康。

大学生应保持积极乐观的情绪、愉快开朗的心境,对未来充满信心和希望,当遇到悲伤和忧愁的事情要学会自我调节,适度地表达和控制情绪,做到胜不骄、败不馁、喜不狂、忧不绝。

大学生要学会与他人交往,在交往中能用理解、宽容、友谊、信任和尊重的态度与人和睦相处。通过人际交往,使他们能够认识大学生的社会责任,培养遵守纪律和社会道德规范的习惯,同时能增强心理适应能力,能与他人同心协力、合作共事,与集体保持协调的关系,保证大学生心理的健康发展。

4.积极参加业余活动,发展社会交往

丰富多彩的业余活动不仅丰富了大学生的生活,而且为大学生的健康发展提供了课堂以外的活动机会。大学生应培养多种兴趣,发展业余爱好,通过参加各种课余活动,发挥潜能,振奋精神,缓解紧张,维护身心健康。通过社会交往才能实现思想交流和信息资料共享。发展社会交往可以不断地丰富和激活人们的内心世界,有利于心理保健。

5.求助心理老师或心理咨询机构,获得心理咨询知识

心理老师具备了较雄厚的理论功底和生活实践经验,对学生所面临的心理问题具有良好的解答方式和处理技巧。大学生在必要时可以求助于有丰富经验的心理咨询医生或长期从事心理咨询的专业人员和心理老师。心理咨询是指通过人际关系,运用心理学方法和技巧,帮助来访者自强自立的过程。从心理咨询具有治疗功能的角度来说,心理咨询属于心理治疗,作为一种治疗方法和治疗手段,心理治疗的对象主要是正常人和有轻度心理障碍的人。心理咨询通过

咨询者与求询者的交谈、指导,针对求询者的各种心理适应和提出的问题,帮助求询者正确地认识到自身心理问题的根本原因;它引导咨询者更有效地面对现实,为咨询者提供建立新型人际关系的机会;同时,心理咨询还能增加咨询者的心理自由度,帮助咨询者改变过去的心理异常,最终恢复健康的心理。心理咨询兼有心理预防和心理治疗功能,通过心理咨询,可以为咨询对象创设一个良好的社会心理环境和条件,提高其精神生活质量和心理效能水平,以实现降低和减少心理障碍,防止精神疾病,保障心理健康的目的。

（二）对心理健康教育的对应解决方法

1.提升内涵、更新教育理念,进一步提高心理健康教育的科学性

坚持"以人为本,教育为主"的心理健康教育理念。以人为本是大学生心理健康教育的根本价值取向,要充分尊重学生人格,贴近学生心理、贴近学生生活、贴近学生实际,真正根据学生的心理特点和需求来设计教育方案。高校心理健康教育要面向全体学生,以全体学生心理健康水平和心理素质的全面提升为终极目标。发展性是积极取向的心理健康教育观,是心理健康教育的本质要求和发展趋势,坚持在心理健康教育中渗透积极心理学理念,坚持课内与课外、咨询与自助、教育与指导相结合,建立以身心全面发展为主、治疗为辅的大学生心理健康教育发展性模式,重在挖掘和激发学生潜能,提高心理素质,塑造健全人格。

2.联系实际创新教育体系,进一步提高心理健康教育的针对性

中国传统文化中具有丰富的心理学及心理健康内涵,吸收中国优秀传统文化中有益于大学生心理健康教育的思想精华,突出心理健康教育的中国文化底蕴,对高校心理健康教育具有重要意义。创立有中国特色的大学生心理健康教育目标、教育任务、教育内容、教育方法和评价方式的创新体系,是增强心理健康教育针对性的必然

要求。这要求全体心理健康教育工作者必须加强理论研究,充分发挥理论研究对高校心理健康教育实践的指导和推动作用。

3.专业引领强化队伍建设,进一步提高心理健康教育的专业性

培养一支高水平的队伍已经成为深入推进高校心理健康教育工作的关键。必须严格按照以少量精干专职教师为骨干,专兼结合、相对稳定、素质较高的标准,实施全员育人,努力提升工作队伍整体的专业素质。新形势下尤其要充分发挥专任教师与学生朋辈心理辅导员的功能。大力组织全体专任教师参与大学生心理健康教育工作,弥补现有专职人员的缺口。朋辈辅导具有实施方便、易推广、见效快等优势,有力延伸了高校心理健康教育的工作手臂,是对现行心理健康教育模式的一种重要补充和丰富。高校要积极选拔和培养一批素质过硬的朋辈辅导员,充分调动广大学生的主体作用和主观能动性,形成"他助-互助-自助"的良性互动机制。还要大力加强业务培训和专业指导,将培训工作列入学校师资培训计划,实施分层分类培训,将"请进来"与"走出去"相结合,实现培训常态化,确保全体人员具备从事心理健康教育工作所必备的职业道德素养和专业技术水平。针对心理健康教育骨干人员,按照专业化、职业化和专家化的要求设计培养方案;兼职人员必须掌握心理健康教育基本理论、心理咨询与危机干预等方面的基本专业知识和方法,能配合专职人员进行心理健康教育;通过新教师岗前培训、组织专门培训班等形式,面向全体教师普及心理健康基本知识,提升他们在教育教学中主动渗透心理健康教育的意识和能力。

4.与时俱进改进教育方式,进一步提高心理健康教育的实效性

高校心理健康教育方式要实现粗犷型向精细化的转变,以精细化贯穿心理健康教育始终,渗透在教学科研、教育管理和后勤服务全过程。要达成这个目标,一是建立一套行之有效的有利于实施精细化的保障制度,如建立对学生心理动态监测的学生心理危机预警库,

以及健全心理状态月报告、学生心理档案动态管理和定期重点排查等制度;二是专业教师要主动挖掘专业课教学中的心理健康教育资源,从知识技能、过程方法和情感态度价值观入手增进学生心理健康;三是辅导员和班主任等行政管理一线人员在关注特殊学生、谈心、走访宿舍等实际工作中及时了解学生实际需求和心理状态;四是改变学校单兵作战模式,建立以学校为主导、家庭密切参与的心理健康教育新途径。

除此以外,还要发挥新媒体技术有利于心理健康教育的功效,充分利用新媒体这一最富有时代特征的教育平台,如网络心理课堂、网络心理测评、网络心理咨询、心理健康论坛、心理健康手机报和微博心理短知识等,可以大大拓展高校心理健康教育的空间。新媒体突破了传统教育方式的时空限制,有效地扩大了心理健康教育的覆盖面,学生可以随时随地自由选择自己感兴趣和需要的教育资源,有利于调动大学生接受教育、自觉内化的主动性。同时,网络的虚拟性、匿名性和开放性使其成为大学生倾诉个人情绪的重要空间,有利于心理健康教育工作者及时、准确地掌握大学生的心理动态,大大增强了心理预警功能。高校要大力提升心理健康教育专兼职人员的新媒体应用意识,提高新媒体素养,实现传统与现代教育方式的优势互补。

受教与教育都是一项艰苦的脑力劳动,在学习过程中会遇到许多困难和挫折,所以大学生要取得优秀的学习成绩,掌握更多的科学文化知识,没有意志、没有不屈不挠的向上精神是不可能的。健康的心理,以积极进取、服务于社会的人生观作为自己人格的核心,并以此为中心把自己的需要、愿望、目标和行为统一起来,树立远大理想,以天下为己任,从而产生强大的学习内驱力,推动大学生努力完成学业,自觉攀登科学高峰。心理健康是大学生掌握文化科学知识的重要保证,有了良好的心态,不仅能取得好的学习效果,而且有益于学生的终身的发展。如果离开良好心理的培养,就培养不出具有先进文化知识的合格大学生。

综上所述,心理健康教育不仅是提高大学生整体素质的要求,而且也是大学生全面发展,成为"四有"人才的重要保证和基础。只有健康的心理素质和健康的生理素质相结合,加之其他积极因素的相互作用,大学生成才才会有可靠的内在条件。优良的心理素质在青年学生全面素质的提高中起着举足轻重的作用,必将对21世纪人才的质量产生积极而又深远的影响。健康的心理是一个人全面发展必须具备的条件和基础。加强对大学生心理素质的教育与培养,全面提高跨世纪人才质量已成为高等学校所面临的迫切任务。

(三)未来大学生心理健康教育展望

高校大学生心理健康教育是一项十分复杂的系统教育工程,涉及极其丰富的内容,包括宣传普及心理健康知识,促进大学生认识自身,了解心理健康对成才的重要意义,树立心理健康意识;介绍增强心理健康的途径,帮助大学生掌握科学、有效的学习方法,养成良好的学习习惯,自觉地开发智力潜能,培养创新精神和实践能力;传授心理调适的方法,帮助大学生学会自我心理调适,有效消除心理困惑,自觉培养坚韧不拔的意志品质和艰苦奋斗的精神,提高承受和应对挫折的能力以及社会生活的适应能力;解析心理异常现象,帮助大学生了解常见心理问题产生的原因及主要表现,以科学的态度对待各种心理问题。我国高校心理健康教育已经历了起步、形成与不断发展的过程。面对我国全面建设小康社会对人才培养的要求,我国高校心理健康教育必将获得进一步发展。

第一,高校大学生心理健康教育理念将成为高校教育内在基本要求的重要组成部分,渗透在教育观、人才观和学生观中。历史和现实都表明,心理健康教育不仅仅是一套方法和技术,更是一种先进的、实践性很强的科学教育理念。心理健康教育在承认学生个别差异的基础上尊重每一个学生的价值,相信每一个学生有发展自我的潜能,不以学习成绩、智力水平、家庭背景、经济状况衡量评价学生,并及时地帮助大学生自我调控。心理健康教育将全面渗透在高校学校教育的全过程,并成为评价高校教育成效和教师素质考核的重要指标之一。

第二,心理健康教育队伍将有所扩大,呈现出高校专业心理健康教育教师与全体教师相结合共同进行心理健康教育的态势。随着高校对心理健康教育的重视,高校心理健康教育队伍将发生历史性的变化。这一方面表现在大学生心理健康教育教师队伍的建立与壮大。由于社会和教育主管部门对大学生心理健康教育的重视,在师资建设上将制定培训和发展规划,试行资格认定制度,逐步做到持证上岗,并落实编制,在职称评定、规范管理等方面采取各项措施。预计经过不太长的时间,我国高校将形成一支以专职人员为主的大学生心理健康教育的专业队伍。另一方面,心理健康教育将成为高校每一位教师的综合素质要求和自觉行为。高校教师不仅要具有专业知识和教学能力,同时还应了解学生身心发展的规律,了解心理健康教育的意义,具备心理健康教育的能力,在自己的教育实践中自觉渗透心理健康教育。

第三,高校心理健康教育的模式将从补救性为主转变为发展性为主。在我国已走过的高校心理健康教育的历程看,以对大学生进行心理咨询、解决学生心理障碍入手为主的基本模式显得特别突出,它对于解决当前我国大学生中存在的一些心理困惑、心理障碍是十分必要和有效的,这在一定程度上维护了我国大学生心理健康,推动了我国高校大学生心理健康教育事业的发展。但这种头痛医头的心理健康教育显然只是治标不治本,治标也并非就能切实有效地解决所有大学生已经存在的心理问题。以大学生身心全面发展为主、治疗为辅的发展性高校大学生心理健康教育模式,将全体大学生作为心理健康教育的对象,重在建设、立足教育,以课堂教学、课外教育指导为主要渠道和基本环节,形成课内与课外、教育与指导、咨询与自助紧密结合,对大学生共同的成长成才过程给予指导,同时兼顾少数有心理障碍的大学生心理的治疗与行为的矫正。

第四,高校心理健康教育的服务对象将从大学生扩展到教师、管理人员、高校环境。在我国,过去高校大学生心理健康教育工作重点都强调了以学生为主。然而,大学生不是生活于真空中,社会生活影响着大学生心理健康,高校教师和管理人员的素质及其自身的心理健康状况以及高校环境,无疑会对大学生的智力、能力和心理健康产生直接或间接的影响。因此,高校大学生心理健康教育将逐步扩展到对教师的教学进行诊断评估,解决教师、管理者教育教学时遇到的心理学问题以及优化高校育人环境等方面。高校大学生心理健康教育不仅服务于大学生,同时也服务于教师、管理人员和高校环境。

第五,高校心理健康教育的领域将不断拓宽,扩展到大学生生活的各个方面。目前,我国高校大学生心理健康教育主要集中在指导大学生良好个性的培养、提高其心理适应能力和心理障碍的防治等方面。随着我国全面建设小康社会对高级专门人才的需求和高校大学生心理健康教育的深入发展,高校大学生心理健康教育将在大学生的学习、生活、人际关系、就业等各方面为大学生的健康成长提供更全面、多样的服务和指导。

第六,高校心理健康教育的方式将从个别辅导为主转向群体辅导、训练为主。我国高校心理健康教育是先从个别辅导学生起步的,应当承认,这是我国高校大学生心理健康教育从无到有的开拓性进展,为我国高校大学生心理健康教育做了必要的基础性理论与实践准备。但随着我国全面建设小康社会对高质量的高级专门人才的要求和我国高校的迅速发展,对大学生个别心理辅导的方式显然不能满足要求。因为个别辅导为主的大学生心理健康教育的教育面显得较狭窄，不能满足我国教育事业的发展需要，也使心理健康教育的总体资源得不到充分的整合和最大化利用。在心理健康教育效果上，个别辅导为主的大学生心理健康教育效果也通常不能令人满意，而以增强自信心、处理压力、拓展领导才能、培养社交技巧等训练小组或团队方式进行的群体辅导与训练，因其形式多样、生动有趣、适应面广，互动性、实践性强，而通常只能个体辅导，却达不到心理健康教育效果。另外，虽然个体辅导也能积累丰富的心理健康教育经验，但在对我国高校大学生心理健康教育一般规律的认识与掌握上存在困难，不利于对我国高校大学生心理健康教育进行科学总结和提升。

第七，各种先进的科学技术手段将越来越迅速地被运用于高校大学生心理健康教育中。社会对大学生心理健康的重视，将使人们一方面运用各门科学理论分析、研究大学生心理健康问题，探寻我国高校大学生心理健康教育规律，另一方面又充分利用科技的成果，深入到心理健康教育的各个环节中。例如，生物工程的分子技术将被运用于大学生心理健康教育中的生理机制研究中；计算机技术在对大学生心理测试、心理分析中得到广泛的运用，具有较高信度与效度、适合我国国情的心理评估工具将日臻完善并得到广泛运用；网络在大学生个体、群体的心理健康教育中扮演着越来越重要的角色等。实践证明，心理素质是人才素质的基础，心理素质直接影响大学生全面素质的提高，关系到高校能否完成造就德智体美等全面发展的社会主义事业的建设者和接班人这一根本任务，关系到中华民族的未来。目前，我国大学生心理健康教育工作远不能适应形势的发展，特别是不能适应全面推进素质教育的需要。高校作为培养社会主义事业建设者和接班人的重要阵地，全面推进素质教育是其理想的工作目标。人才素质包括思想道德素质、文化素质、专业素质和身体心理素质四个方面。因此，要认真总结我国高校开展大学生心理健康教育的理论与实践经验,借鉴和吸收其他一些国家和地区的有益经验,进一步明确新形势下开展这项工作的重要意义和积极作用,探索新的理论与工作思路,逐步建立和发展具有中国特色的高校心理健康教育体系,推动我国高等学校大学生心理健康教育的顺利开展。①

二、大学生个性化心理健康教育

随着教育改革不断深化,教育界和全社会已经认识到素质教育和能力教育的重要性,现阶段对大学生开展个性化心理健康教育,不仅是现代心理学及大学教育的一个新发展,同时也是现代社会对心理学和大学教育提出的新要求。个性化的心理健康教育逐渐在现代大学教育中占据越来越重要的位置,广泛意义上维护了大学生的心理健康,增强了学生的个性心理素质。

(一)个性化教育与心理健康教育的关系

1.个性与心理健康

个性又称人格,是个体所独具的各种特质或特点的总和。个性心理特征包括能力、气质、性格等。能力是个性中最基本的特征,是个体顺利完成各种活动所必须具备的影响活动效率的个性心理特征。性格是个性特征中的核心部分,是个体对现实的稳固态度以及与之相适应的习惯化行为方式。气质是个体行为全部动力方面的典型的、稳定的心理特征的总和,是个体在情感发生的速度、强度、外部表现、活动灵活性方面特点的总和。

大学生的个性包括两层含义。第一,是每一个大学生身上经常地、稳定地表现出来的心理特点。从这个意义上说,每个大学生都具有自己的个性,每个人都是差异性的个体。第二,整个大学生社会群体角色上体现出来的与其他人不同的、稳定的特点,这些特点是在特定的环境中形成的。具体来说,就是大学生在大学的学习和生活环

---

①郭春雷,马富春,王娜. 高校辅导员工作手册[M]. 石家庄:河北人民出版社,2015.

境中逐渐形成和发展起来的。

关于心理健康,确切地说,迄今为止还没有一个统一的、为业界公认的概念,但是综合国内外学者的研究,目前普遍认为大学生心理健康的标准大致包括以下内容:智力正常、情绪稳定、意志健全、人格完整、自我评价正确、人际关系和谐、社会适应正常、心理行为符合年龄特征等。个性与心理健康之间的关系密不可分,良好个性的培养是心理健康的重要内容之一,心理健康必然要求个性的协调和统一发展。只有具备良好个性的人才能不断通过自身个性的完善与培养,增进自己的心理健康。

2.个性化与心理健康

心理学家荣格对个性化的阐释包含两层意思:一是形成独特的、独立的个性;二是重建心理的完整与统一。由此可知,个性化是一种心理过程。既然是过程,那必然是运动的、发展的。

在个体个性化的过程中,不同阶段的个体具有不同的发展任务,不同的需求和心理成分会得到不同程度的发展。因而,造成个性内部结构的不协调,特别是在不同年龄阶段的过渡时期,这一矛盾表现得更为激烈,进而导致各种各样的心理冲突或矛盾。每个人在青年时期都在探索并且尝试去建立稳定的自我同一感。这种自我意识是个性结构的重要组成部分,同时也是个性结构的核心。在个体发展的不同阶段,引导个性结构成分围绕自我意识这一核心,逐渐形成健康、合理的个性心理结构,对大学生的心理健康来说十分必要。

3.个性化教育与心理健康教育

个性化教育并不是否定传统的模式化教育,不会破坏当今的班级或群体教学中共同性的获得与培养,而是在此基础上引入对学生更为公正的评价体系。评价学生的标准不再是听话、分数和知识的累积,而是个性的完善和潜能的发挥。个性化教育的根本目的不在于智力培养和知识技能的获得,而是通过对学生兴趣、态度、动机、情绪、好奇心、想象力和个性特征的培养,最大限度地实现其潜能的发展。

基于个性化教育的心理健康教育会更加关注学生的心理,尤其是心理素质的优化,强调培养学生健全的个性,采取预防性、矫正性和发展性相结合的教育策略。这样不仅可以矫正和预防学生的心理健康问题,而且能够培养他们良好的个性心理品质,使他们能够应对学校乃至以后工作和生活中的各种压力,保持健康心理,获得幸福人生。

4.对大学生开展个性化心理健康教育的必要性

心理健康已经被接受为一种现代的观念,心理健康教育也成为实施素质教育的一个重要环节,是素质教育的重要组成部分,它面对全体学生,积极地、建设性地按学生心理发展的规律和个性特点,有计划、有步骤地培养和提高学生的心理品质,开发潜能,并通过自我教育,使之不断自我完善。因此,心理健康教育在我们现代人的实际生活中起着越来越重要的作用。个人的幸福和心理健康主要取决于个性的平衡和健全的发展。一个人的知识和智力处于中等水平,并不妨碍他获得幸福的生活和健康的心理。只要他的各方面发展比较平衡,有健全的自我、乐观的性格和正确的人生观,就可能比许多高智力、高知识的人更幸福。

我们的许多心理问题、工作和生活中的烦恼,都与我们的"自我认识"有着密切的关联。不管是自卑、自我贬低,还是自大、自我夸张,都是心理的缺陷和障碍,都是由缺乏基本的自我认识能力所导致的。心理学家的研究还表明,基本的自我认识能力,也是一个人智力发展的必要因素、基本的自我认识能力,将影响着一个人整体能力的表现与发挥。在传统教育中,许多学生学业增长,但个性发展没有跟上,缺乏良好的个性心理素质能力,对于日益增多的各种压力难以适应,因而陷入了各种心理健康问题而不能自拔。对于这些学生如果不给予适当的心理辅导和个性教育,他们的心理问题有可能长期得不到解决。个性化心理教育强调培养大学生健全的个性,个性障碍的心理问题即是较为严重的变态心理表现。在传统的心理咨询和心理治疗中,已经把个性障碍列为主要的工作对象,通过心理学家的帮助,有希望使患有个性障碍者恢复正常的心理生活。目前,人们一般把个性障碍的根源,追溯到一个人个性发展过程中的畸变或不成熟。通过个性化心理教育,可以促进大学生心理生活的健康和谐,促进大学生个性心理品质的充实与完善。心理学家指出,良好的个性心理素质是人才成功的关键。一个人只有通过更好地了解自己,尤其了解那份让自己独一无二的品质,才会变得更有力。

(二)大学生个性化心理健康教育的基本内容

1.在日常接受教育方面,大学生应积极悦纳自我

这是为培养大学生在生活、学习、人际交往中最急需、最基本的心理素质而设立。目的是让大学生努力认识自己,看清自己,接受不满意自己的部分,学会接纳自己。内容包括增强心理能力、开发创造潜能、塑造健全人格、学会与人交往、学会爱的品质、规划职业生涯等。

2.在课内课外训练方面,大学生应积极参加相关活动,做到有效控制自我

自我控制是个体主动改善自己的心理品质、特征及行为的心理过程,是大学生健全自我意识、完善自我的根本途径。目的在于帮助大学生掌握心理调节的方法和技能。内容包括建立社会支持系统、增强挫折耐受力、情绪与情感的调节等。在此层面上,学生可根据自己的兴趣或需要自主选择进入不同的主题进行训练。

3.保健层面,不断超越自我

加强自我修养,不断进行自我塑造,达到完善自我、超越自我的

境界是大学生健全自我意识的终极目标。健全自我的过程也是一个塑造自我、超越自我的过程,主要是帮助大学生消除认知上的无知、误解和歪曲,解除情感上的固执和阻滞,摆脱行为上的技能缺乏,最终帮助大学生走出心理困境。内容包括如何应对心理危机、如何寻求心理援助等。在此层面上,那些没有心理问题和困扰的学生可以不参加。

(三)大学生个性化心理健康教育的基本原则

1.心理健康教育面向全体大学生的原则

传统的大学生心理健康教育的重点只放在预防大学生心理危机的发生、矫正和疏导大学生的心理困扰两个方面,而把促使学生心灵成长和生活幸福的作用放在次要位置,工作的主要对象是个别学生。这样做不仅受益人群有限,而且忽视了绝大部分普通大学生群体的需要,导致大多数学生认为只有心理有病的人才需要心理健康教育。这样的想法不仅让那些对心理健康知识有兴趣的学生抱着无所谓的心态去参加相关的教育活动,同时也让另一些迫切需要帮助的学生望而却步。事实上,大学生心理健康教育是所有大学生的必修课,大学生需要相应的心理健康知识,以使自己的生活更加幸福完美。因此,基于个性化教育的大学生心理健康教育工作应该由点及面,致力于改善和发展所有学生的心理健康状态,着眼于全体大学生当下的心理健康和终生的生活幸福,避免只针对极少数存在心理问题的学生,切忌把心理健康教育等同于心理咨询,把心理咨询等同于心理治疗。

2.注重培养大学生积极品质的原则

传统的大学生心理健康教育目标定位于心理问题的评估和矫正,通常重心理疾病的诊治而轻心理问题的预防,重心理障碍咨询而轻心理发展咨询。然而,消除负性心理品质不等于培养起正性心理品质;知道怎样避免负性情绪,不等于学会如何增进正性情绪;知道怎样克服悲观、自卑、嫉妒等不良人格,不等于学会如何发展乐观、自信、宽容等积极人格。所以基于个性化教育的大学生心理健康教育要引入积极心理学的理念,坚持一种积极取向,把积极心理品质的培养提升到比克服消极心理品质更加重要的地位,将主观幸福感的生成、沉浸体验的引发、希望和乐观特质的形成、积极人格的实现、积极社会关系的建立等内容融入大学生心理健康教育。

3.理论教育与实践训练并重的原则

传统的大学生心理健康教育不是过分重视行为习惯训练,就是片面强调理论知识的传授。前者忽视理论知识在个体行为习惯养成中的作用,这种做法与早期行为主义心理学家训练动物相似,属于一种与心灵隔离的教育活动;后者忽视实践训练在大学生心理素质培养中的作用,学生不能把知识转化为相应的心理能力和心理调节技能。知识及道理并不能自动转化为实际行动,因此,基于个性化教育的大学生心理健康教育,就是要做到知行合一,认知和技能并重,既要教授大学生心理发展的一些特殊规律,为培养大学生的积极情绪、塑造积极人格、发展积极品质奠定坚实的认知基础,同时也要结合相关知识内容进行形式多样的心理训练,促进知识向能力和素质的转化。

4.尽量满足大学生个性需要的原则

学生的需求是多方面、多层次的,只有充分尊重和满足每个学生的个性化需求,才能提高心理健康教育的针对性和实效性,减少盲目性和随意性。当前的心理健康教育忽视学生心理是否健康,心理问题归属,教育训练方式千篇一律,既浪费教育资源,又对学生个性发展无益。基于个性化教育的大学生心理健康教育既要面向所有人,又要针对少数人,把理论教学、团体训练、小组辅导、朋辈互助与个别咨询结合起来。其中,理论教学、团体训练面向所有人,主要进行心理健康知识教学,强调心理健康知识的普及宣传,旨在进行积极人格、积极品质的培养、塑造,具有普及性;小组辅导、朋辈互助针对部分人,重点实施心理行为训练,意在解决部分学生的心理困惑,强调心理健康方法和技术的传播,重在实用性;个别咨询针对少数存在心理问题的学生,专门开展特殊心理问题的矫正和心理危机的干预,注重心理疾病的防治和诊疗,突出针对性。

5.将显性教育与隐性教育相结合的原则

大学生心理健康教育理论课程教学除了已有的知识和技能等外显的内容,还应该渗透社会的主流意识和价值观等隐性的内容,以发挥心理健康教育的合力,提高大学生心理健康教育的实效性。基于个性化教育的大学生心理健康教育内容会在显性课程之外,辅之以形式多样、丰富多彩的高校校园心理文化建设活动作为隐性心理课程。例如,新生心理健康广场宣传活动、心理健康教育节活动、心理沙龙活动、心理游戏、心理健康教育刊物编印、心理健康教育手抄报比赛等,对大学生的心理素质给予潜移默化的积极影响。

(四)大学生个性化心理健康教育的实施途径

基于个性化教育的大学生心理健康教育应是面向全体,以发展为主、以教育为主。高校应构建一个专门的心理健康教育组织,在有组织保障的前提下,将课堂教学、课外活动、个别团体咨询等方面有机结合来实施大学生心理健康教育。

1.进一步健全大学心理健康教育组织网络,加强个性化网络建设

组织是一个有共同目标和一定边界的社会实体和活动过程及活动系统,有组织才能保证大学生心理健康教育工作有计划、系统而科学地展开。首先应当构建一个立体化、专兼结合、多元化组合的网络体系。具体而言,就是从学校领导层到学生管理部门、教学管理部门、各院系,再到专兼职心理教师、学生辅导员、任课教师,按一定的

方式组织起来,建立一个立体化、专兼结合、多元化组合的工作机构,从不同层面、角度、渠道开展工作,通过协同努力,实现大学生个性化心理健康教育整体优化。

2.创建大学生心理健康教育的学科教学体系

教学的目的在于帮助受教者形成信念、态度及技能。只有成立心理健康教育教研室,把心理健康课程如"大学生心理健康与成长""大学生心理健康教育""心理学原理与应用""大学生成功心理素质训练""心理学与生活"等纳入大学生教学计划,使之成为大学生的必修课程,才能调动全体师生参与的积极性,共同完成心理健康教育任务,在教学层面上得到更进一步的普及。

3.心理健康教育可针对个别、团体分别进行不同咨询和培训

心理咨询是心理咨询者通过和咨询对象的商谈、讨论、帮助,启发和指导他们解决各种心理问题,使其更好地适应环境,保持心理健康。成立大学生心理咨询中心,由心理学专业人员根据大学生心理普查情况建立大学生心理健康档案,把有同类问题的学生集中起来进行团体咨询和培训,优化心理素质,开发潜能,帮助他们实现自我价值。对需要特殊帮助或心理问题严重的学生需要进行个别咨询。

4.开展丰富多彩的心理健康课外活动,让个别与集体互动

大学生既是高校心理健康教育工作的客体,又是主体,其主体性体现在自我教育的过程中。可以成立大学生心理协会,多吸纳学生参与,利用这个学生组织开展多种如心理沙龙、朋辈互助等心理健康活动;或针对学生普遍存在的心理问题集中开设心理健康教育专题讲座。

5.加强校园文化建设,体现个性化教育理念

校园文化建设是以大学生为行为主体的一系列文化活动,对提高大学生的人文素质,培养大学生的综合能力和团队精神具有重要意义。实施心理健康教育,还可以利用学校的隐性课程——校园文

化,把无声的教育与有声的教育相结合,使之相得益彰,让大学生人格在心理文化中得到熏陶,使大学生的心理素质在此过程中得以优化。这些工作可通过创办大学生心理健康报纸,建立专门的心理健康教育网站、校园笑脸墙的征集与展示等方式来进行。

6.开展心理健康教育专题研究

除了从实践经验方面进行心理健康教育,还应从理论上进行深层次的研究,通过对日常关注与咨询个案中有心理异常的学生进行一定的实证研究和跟踪调查,针对学生的实际情况作心理健康专题研究,真正把心理健康教育上升到科学高度。

基于个性化教育的心理健康教育是以发展、健全学生个性心理为目标的教育。个性化的心理健康教育不仅对学生个人的全面发展、身心健康、事业成功和人生幸福具有十分重要的意义,而且符合现代社会对新型人才的需要,对学生心理的发展和社会的进步也具有十分重要的意义。同时,在个性化的心理健康教育之中,还包含更广泛的社会意义,是一种超越学校教育、面向社会的教育。现代的大学教育、基于个性化教育的心理健康教育是必要的,也是可行的。

第三章　高校校园物质文化建设

第一节　高校校园物质文化概述

一、高校校园物质文化的相关概念

（一）物质文化

物质文化是指为了满足人类生存和发展需要所创造的物质产品及其所表现的文化，包括饮食、服饰、建筑、交通、生产工具以及乡村、城市等，是文化要素或者文化景观的物质表现方面。

（二）校园物质文化

校园物质文化是高校文化的一个相当重要的组成部分。它包括学校建筑及其造型、颜色、布局，教学工作的装备设施，校舍的大小，教室的空间安排，花草树木的种植，教职员工的服饰，校旗，校徽，校服等。简单来说，高校校园物质文化是指高校建设硬件设施的配备展示。

（三）校园物质文化的内容

校园物质文化主要包括三个方面的内容：一是优雅的自然环境文化，主要是指校园选址恰当、建筑布局合理、校园绿化合格、环卫净化合格等；二是完善的设施主要是指教学办公设施、科研实验设备，图书馆、网络系统后勤生活装备等优齐全;三是积极的方式文化,主要是指特定精神文化的某些物质载体,如张贴的标语、名人名言名画、重要人物的雕塑、校园文物、校史馆等。

(四)高校校园物质文化的意义

校园物质文化的积淀体现着一所学校的历史、传统,蕴含着巨大的潜在意义。

例如,北京大学是朝气蓬勃、思想活跃的年轻人学习、生活的场所,在这个独特的文化空间里,富有文化气息的每一幢建筑、每一个雕塑、每一个花坛、每一棵树木能让他们驻足,并在脑海里留有深刻的印象。北大校园留给师生的第一印象"一塔湖图",未名湖岸边的博雅塔的身影倒映在湖中,这是每一个到北大的人都能看到的图画。通过与此相似的景观,北大的校园环境通过美的可感性、可愉悦性陶冶学生的情操,传递着大学文化精神。

又如,20世纪90年代前期,上海师范大学(以下简称"上海师大")校园环境不尽如人意,校舍破旧、设备老化,校园内杂草丛生,垃圾遍地,加上地下管道老化、堵塞,一下雨就积水成潭,一刮风校园内就灰尘飞扬,素有"破落地主"之称,严重影师生员工的精神状态和工作、学习情绪,也影响了生源。基于这种情况,学校把"土不见天,绿树成荫,花不间断,四季飘香"作为上海师大的环境文化目标,力争成为上海市的花园单位。学校从绿化开始抓起,力争让校园内氧气多一些,绿意足一些,负离子高一些,逐渐形成良性循环的理想生态环境,为师生员工创造一个良好的学习环境、工作环境、生活环境,使师生的身心得到健康的发展。经过三年的努力,校园面貌发生了巨大的变化,上海师大不仅被评为上海市花园单位,而且被授予全国先进集体。师生员工在优美舒适的校园里工作、学习、生活,感到舒适和愉快。这不仅稳定了教职工队伍,吸引了大批高水平的外来教师,而且吸引许多外国留学生及国内考生。大学环境文化建设展现特色校园的风采,推动了学校的发展,产生了显著的社会效益和经济效益。

二、高校校园物质文化的特点

(一)传承性

在这个世界上,万事万物都是有着千丝万缕的联系,都不是孤立存在的,在历史上是前后联系的、相互依存的。高校物质文化具有历史传承的特点,把当今文化同历史联系起来。在高校物质文化中,没有文化的传承就如同楼房没有基础。每一所高校在发展过程中都积淀了一定的高校物质文化传统。例如,富有个性的高校主楼就是在高校发展的过程中逐步更新改进,逐步实现适应该所学校发展的专属形式,是这所高校区别于其他高校的独特精神标志,为高校人努力拼搏、开拓进取提供了有力的精神源泉。高校物质文化的建设,首先,应该强化对已有的历史进行继承,我国的历史源远流长,但是继承性却有不足之处,历史建筑的保护也有所欠缺,这样就使人们对"曾经"的认识不足,从而缺乏一种归属感。其次,高校物质文化还要对已有的自然风貌进行传承,自然的一草一木,都是大自然留给高校人的瑰宝,是时刻警醒人们亲近自然,爱护自然的物质基础,有助于人们时刻牢记可持续性发展的要义、时刻牢记人类文明与大自然的息息相关。高校物质文化的历史传统是高校发展的法宝,通过高校物质文化,校园人将身临其境般地感受其教化的光辉,并将其发扬光大。

(二)卓越性

校园建筑是诞生科学的承载体,是教育的实践之地。当今的大学生,毋庸置疑的成为国家发展的中坚力量和各行各业的骨干精英,大学生也必然成为高校物质文化建设的主体。这就决定了高校物质文化的建设具有较高的文化层次和道德品质,就决定了高校物质文化的建设要比那些其他的社会文化更具有卓越性。而且大学是知识和高科技融会的场所，知识渊博的人在高校中运作操控社会的前沿文明，运用和掌握世界的先进文化，能够精确地在高校物质文化的取舍和分辨等方面作出明智的选择，而不会像主流文化那样随波逐流，而且这些文化创造的主体也会在这样一个区域不断地创造出引领时代性超凡脱俗的新产物。因此，相比社会主流文化，高校物质文化的格调更高雅。

（三）多元性

高校是各类文化精华汇聚的场所，日新月异的建筑、设施、异地文化的冲突影响决定了高校物质文化内容丰富、形式复杂多样。高校物质文化涉及的内容多、形式丰富、领域广泛；建设高校物质文化的主体是现代高知人群，他们观念更新快、思想活跃，尤其是大学生同时具有高水准与青年人的双重特点，他们视野开阔、思维敏捷、精力充沛。所以高校物质文化的内容充实、形式多样，创新性很强。以高校主楼建设为例，世界各大院校的主楼设计风格多种多样，层出不穷，有些更是出自同一设计师之手。虽然有些主楼的设计风格一致，但是却在细节之处能够找到体现本高校特点的地方。

（四）承载性

高校物质文化的承载性主要是指高校在日常的教学科研生活中形成的一种本校特有的文化氛围，这种文化氛围以校园物质文化为载体，通过高校物质文化向四面八方辐射，使身在其中的人受到感染和熏陶。由于高校的日常生活会使一些特定的区域、建筑、雕塑等产生特殊的象征意义，使人不自觉地受到感染，这些物质就形成了一种文化的代表，文化就有了承载的意义，也就是承载性。

（五）地域性

高校物质文化会因为所处的自然社会环境不同而不同。高校作为文化的先锋,会充分地融入周围的环境,北方的风格比较粗犷,南方的比较细腻,高校物质文化就会根据周边的情况塑造自己。首先,人文文化是由于当地的客观条件而产生,物质文化是人文文化的一部分,也应该顺应地方的风格;其次,高校物质文化的产生是基于当地的周边社会环境和人的智慧产生的,带有当地的血统,每个地区都有其独到的特色。所以各个地方的高校物质文化都包含当地特有的风格。①

三、校园物质文化的功能

校园物质文化是校园文化建设的一部分,它是现代学校教育的必然产物,它在培养人才的过程中所呈现出的规范功能、心理功能、引导功能,育人功能等,为现代学生形成良好的心理品格与正确的价值观念奠定了坚实的基础。

(一)规范功能

人总是生活在一定的物质环境中。广义的物质环境包括自然环境和居住环境。纯天然的自然环境在高校校园中已很少见,高校校园环境多为人文环境和自然环境的统一。因此,高校校园现行的物质环境无疑都浸染着浓郁的人文气息,是人和自然相互影响的结果。正因为如此,高校校园物质文化对大学生的思想和行为起着影响与制约作用。整洁幽静、错落有致的校园环境可以使学生心情舒畅、平静恬淡,全身心地投入到学习和生活中,从而产生心理上的自足感、自豪感和归属感。优雅的校园环境还可以给学生一种心理暗示,使他们在内心深处产生一种对优美校园环境的热爱,进而自觉保护校园环境、抵制破坏校园环境的不良行为。这样,学生就会逐渐形成自律意识和他律意识。

---

①苑良智. 高校图书馆对促进校园文化建设的思考[J]. 赤峰学院学报(自然科学版),2017,33(18):157-158.

(二)心理功能

校园物质文化潜移默化的影响是大学教育的一种特殊手段和途径。一方面,优良的校园物质文化是给学生正面影响的肥沃土壤,既能最大限度地调动学生的主动性和积极性、提高学习的效率,又能有效地促进学生心理的健康发展和良好心理素质的形成。例如,合理的校园布局,凝聚历史文化及世界文化内涵的建筑、宽敞明亮的教室、宁静而带有书香气息的图书馆、整洁而舒适的宿舍、鲜花与古树相伴的校园小路,壮丽并富有激情的运动场、色彩斑斓并充满青春活力的学生活动中心、洁净的食堂等,不但有助于减轻或消除学生学习上的疲劳,而且还能使学生感受到学习生活的舒畅、美好和安全。

(三)引导功能

校园物质环境的主体是建筑。许多高校的建筑都独具风格和特色,并彰显出历史和文化的底蕴,无言地对学生进行着思想品德教育、文化教育和素质教育,引导着学生的思想和行为。因此,虽然校园建筑不是大学的主要标志,但如果在建设过程中赋予其特定的人文内涵,那它就会成为鲜活的课堂并发挥其独特的育人功能。如中国青年运动发祥地北京大学的红楼,会使在这里学习生活过的人无不受到它那种民主、自由、独立思考、宽容大度、追求科学创造等文化传统的影响。又如始建于1920年、在建筑上具有强烈审美感的天津外国语学院"法国罗曼式建筑"的钟表楼,以其浑然天成、优雅无比的特点,充分体现了欧式建筑的风格,充分展现了天津外国语学院集世界文化之大全的气魄。

当大学生置身于这些自然和谐、错落有致、科学配置的具有深厚世界历史文化底蕴的校园之中时,就会使他们时时受到科学和人文精神的熏陶,进而产生热爱校园、热爱集体、热爱国家、热爱科学的思想观念以及正确的价值观、人生观。由此看出,校园环境无时无刻不对学生发挥着引导功能,并且这种引导功能不是短期的,而是在较长时间内发挥着作用。

(四)育人功能

艺术鉴赏力和审美能力是大学人文素质教育的重要组成部分。而校园物质环境是培养学生文明行为和审美能力的无声课堂。蕴含着自然美、人文美、结构美的高校校园建筑群,本身就是培养艺术鉴赏力和审美能力的生动教科书。在浑然不觉中,学生得到美的享受和熏陶,艺术鉴赏力和审美能力因而会不断提高。这是校园物质文化育人的重要功能。

第二节　高校校园物质文化建设原则

一、方向性原则

高校校园物质文化建设要牢牢把握先进文化的前进方向,坚持马列主义、毛泽东思想和邓小平理论的指导地位,用习近平新时代中国特色社会主义思想来统领,体现时代特征,建设先进的现代学校文化。面对世界范围多元文化的冲突,大力弘扬中华民族的"以爱国主义为核心的团结统一,爱好和平、勤劳勇敢、自强不息的伟大民族精神",开展健康有益的文化活动,不断丰富学校全体成员的精神世界,增强他们的精神力量。

二、系统性原则

高校校园物质文化建设是一个系统性的工程,分为很多方面共同形成一个体系。这些方面各显其能,使高校校园物质文化的职能得到充分发挥。高校校园物质文化是个整体,包括教学楼、图书馆、师生生活区、高校景观等。教学楼或者教学主楼,是高校校园物质文化的标志,是整个校园的"中心思想",以其独特的风格和独到的文化影响着师生的日常生活;图书馆是一所高校实力的见证,通过藏书能力和建造规模,表现出该所高校的文化程度和学习氛围,师生在图书馆学习营造出的学习氛围对高校的文化起到一定的烘托作用;生活区是作为课外生活的一个写照,是对教学区和图书馆以外生活的一种总结。"不在课堂身在学校"是一所求知欲强烈的高校生活区的氛围。快节奏、高效率的学生生活,奔走于图书馆、寝室、食堂的"三点一线"的校园文化都将这些独立的场所联系起来。高校景观,虽然与科研教学关系不大,但是却是校园整体的艺术家。离了校园景观,校园就没有高校的风采,没有自己的特征,就无法衬托出高校的学府氛围。还有很多高校元素,它们都在"系统"中扮演着各自的角色。

坚持高校校园物质文化系统性原则,就是要求在建设校园物质文化时,整体构思、整体规划、整体设计,在高校领导的统一指挥下,统筹规划、全盘考虑、科学布局,突出重点,努力将高校校园物质文化建设推向一个新的高度。

三、主体性原则

人是社会的主体,任何社会的发展都无法离开人的决策。高校校园物质文化建设同样也是由人做发展的推手,除了高校领导,处于主导地位的人就是广大师生。主体性原则就是要充分利用和调动广大师生的爱校热情,激发他们内心的灵感和创造潜质,对高校校园物质文化建设起到关键作用。

首先,发挥高校领导的首创精神。高校的领导是高校行动的直接参与者、任务的决策者、命令的下达者,是最直接、最有权力、最了解高校详情的人。高校的领导所思考的层面通常是要高于一般人,他会从一个整体而全面的角度考虑问题、会将问题放到一个战略的层面去分析,而这些是一般人做不到的。高校的领导对高校校园物质文化建设第一个提出意见,有助于更好地引导其他人为高校校园物质文化建设献计献策,更有助于提高整体建设效率;而且发挥高校的首创精神,更有助于鼓舞全校师生在高校校园物质文化建设上充分发挥自己的作用,在行动上起到表率作用,具有现实意义。

其次,发挥大学生在高校校园物质文化建设中的创新精神。高校大学生是高校教育接受者,同时也是高校的中坚力量。青年人的思维敏捷、想象力丰富,具有极强的创造力,接受新事物快速、否定消极事物果断,并且具有很高的群体意识。在高校校园物质文化建设中,我们应该充分重视大学生的创造能力,挖掘大学生的创造潜能,让大学生自发地投入到高校物质文化建设中,在实践中学习创造,通过现有环境的熏陶和感染,进行再学习、再创造,把创造的成果运用到高校建设当中去。

最后,最大限度地调动高校教师的创新热情。高校教师是高校缔造者,是高校文化的继承者和传播者,也是高校的主人。高校教师都是才华横溢,知识广博的学者、教授。他们对于事物的判断准确、经验丰富、见多识广,而且有着很高的道德情操,这些对于全面考虑高校校园物质文化建设都是极其重要的。[①]

四、创新性原则

创新性原则是要求高校在深刻掌握社会发展的前提下,从自身出发,结合时代特征,创新自身的内容和形式,不断提高高校校园物质文化的发展潜力。创新是一个民族进步的阶梯,是一个国家兴旺发达不竭的动力。只有不断创新,国家和民族才更具生命力。

高校校园物质文化建设的生命力在于创新,高校只有结合自身的特点,参考别人的长处,不断地推陈出新、创造出不朽的生命力。

---

①贾霄燕. 高校校园文化建设探索[M]. 石家庄:河北人民出版社,2015.

高校一方面要调动广大师生力量,充分发挥师生的创造意识,将自己的学问用在高校建设中,鼓励师生的创新精神,形成有创新氛围的校园环境;另一方面,高校校园物质文化建设的主体也要不断地创新,高校针对特色物质文化建设要听取多方面的意见以及不同层面人的想法,不能仅局限于专业人士思维,非专业性的思维有时也具有一定的创造性,广开言路、集思广益,才能收纳更多的具有特色性的创新点。总的来讲,无论哪种创新最终都要向"育人"的目标过度,最大限度地为培育优秀合格的社会人才服务。高校特色校园物质文化建设要不断地适应新形势的变化,针对新形势结合自身做新的调整。高校文明是社会的先驱,在自身创新的同时,也要注意对社会的影响。此外,高校创新也要结合自己的历史传统,保护优秀传统的同时,对其进一步研究思考,赋予这些古老文化新时期的意义,让其焕发活力、产生新的动力,为高校校园物质文化发展增添新的氛围。

五、开放性原则

开放性原则指的是高校特色校园物质文化建设不能在一个封闭的环境下进行,而是要在一个开放的环境下进行。

国外很多大学对于校园物质文化建设积累了不少经验,在理论层面上有了很大发展。因此,可以广泛引进国外成功的办学经验和前沿的理论,因地制宜、取其精华、去其糟粕,推进校园环境建设。高校物质文化建设既要充分展现大学的特色和办学传统,继承发扬学校传统建筑的优势,同时也应积极吸收兄弟高校校园环境建设的经验,取长补短,为我所用,促进高校校园物质文化建设的开放化、个性化、特色化。

国外许多著名的高校校园建筑设计具有鲜明的特色,除了在建筑的设计上创新,总是借鉴其他民族文化的建筑风格。大学建筑在本质上是一种文化的反映,折射出大学的特色和办学理念。在吸收外来建筑风格的时候,核心的理念价值是本民族的文化。现代建筑的各种式样,丰富了校园环境建设的内容,也增加了建筑样式选择的难度。一般情况下,大学都在努力发掘传统文化,标志性的建筑都是传统的产物。例如,北京大学的校门、清华大学的校门。但也有一些学校在现代建筑艺术发展基础上,大胆地采用国外建筑风格,为我所用。

第三节　高校校园物质文化建设管理分析

一、高校校园物质文化建设现状

(一)高校校园物质文化建设已取得的成果

数十年来,我国高校物质文化建设取得了惊人的成就,从建设理念到配套设施都发生了巨大的变化,全国高校焕发着勃勃生机,很多方面都发生着前所未有的变化。例如,在楼体设计上基本上突破了苏联时期的设计局限,取而代之的是具有独特气质的前卫风格,这样鲜活理念的引入是前所未有的,对于国人眼界的开阔有着重要的意义。

在校园绿化方面,摆脱以往的树木绿化,引入青翠的草坪绿化,这在南方的高校是极为常见的;高校的生活区建设也由过去的完全实用主义,上升过渡到实用与美学并重的高度,一座座具有本校特色的宿舍拔地而起,不仅是学生居住的场所,更成为高校的一道风景。图书馆已经逐步由管理型向服务型转变,现代的图书馆不仅仅是一个借阅书刊的场所,更是一个时尚的生活区,学生们可以在这里尽情地享受学习生活的乐趣。高校的实验室,不再是以前单调的实验室,而是一所学校实力的象征。还有很多实例都可以证明高校物质文化建设取得的成就,这些成就说明了党和国家对教育的重视程度有所提高,从一个阶段跨入更高的层次,也说明了世界已经认识到建筑具有传承文明、承载精神文化的作用。这些成就也印证了中国改革开放的正确。只有开放、打开国门,引入外来的文化,开阔眼界才能更好地建设、更好地发展。

(二)高校校园物质文化建设存在的问题

校园物质文化是历史文化优良传统的沉淀,也反映出一所学校的价值观念,尤其反映了教育目标的价值取向,蕴含着巨大的教育潜能。学生不仅能通过物质景观了解到组织群体的审美情趣,而且还能从物质景观中领会到特定的文化渊源,使学生的态度、情感和价值观受到潜移默化的影响。然而当前我国很多大学的校园物质文化建设违背了大学的本质与自身的特色,出现了这样那样的问题。

1.局部环境个性不鲜明

影响校园环境文化品质的一个重要因素,是校园局部环境的个性化程度。在高校中,局部环境雷同的现象还比较普遍。围绕建筑物个性化地营造周边环境,还有较大潜力。

就空间维度而言,在垂直绿化、立体绿化、室内绿饰方面还有很多文章可做;从季节维度而言,未能完全做到四季常绿。以室内绿饰为例,室内公共环境与室外公共环境同等重要,但通常被忽视。

2.不能因地制宜进行建设

有的高校盲目追求效果,将不适宜校园环境的作品搬入校园。一些大学在校园环境建设中,照搬外面的景观,将一些已有的景观或放大、或缩小、或原状搬入校园,这会有抄袭之嫌,从而淡化了它的美感。文化景观重在创新,只有那些新颖、自然和符合地域环境的校园环境文化建设,才具有活力,才能对大学生素质的提高发挥真正的作用。

3.忽视了大学生的心理需求

现代大学生对文化景观环境的要求除了要具有知识性、和谐性、对比性等一般审美范畴,还要求有新奇性、丰富性和多样性,他们追求视野开阔、思想深化的东西。比如,不能随便做个塑像就算是环境建设,也要使塑像与高校校园的氛围相适合,大小比例体现美感,并与周围环境相适应。

4.师生参与程度低

师生参与既包括师生解读和感受环境文化的行为,也包括师生建设和拓展环境文化的行为。在一定程度上,师生参与程度反映出的是环境文化的亲和力。从根本上说,原因在于对环境育人功能的认识还不深入,引导师生参与的方式方法还不多。

5.校园物质文化衍生品开发滞后

在社会资源的争取和发展空间的扩延过程中,大学需要不断增强自身的品牌影响力、校友凝聚力和社会融合力,创意雅致且富有个性化的校园景观纪念品具有不可替代的作用。

6.整体规划和组织管理水平待提升

校园的每一个点都是立体的,要有长远规划。校园物质文化的整体规划和组织管理水平,归根结底取决于设计者与管理者对环境的认知。人文与自然和谐共存的校园环境文化,需要深刻的文化涵养和视野。

7.盲目耗巨资进行校园物质建设

一些大学不能根据学校的财力、物力来进行高校校园物质文化建设。有的甚至为了追求美观,而挤占教学、科研上的资金。有些大学为了追求新、大、特的特点,在校园内建设占地几十亩的大广场。这样做虽然景色壮丽,给人以冲击力,但壮丽的背后通常会造成投资巨大、维护成本过高的后果。

二、高校校园物质文化建设措施

(一)提高高校校园物质文化的认识水平

高校校园物质文化建设首要是要提高人们对它的认识,只有认识到了它的重要性,建设才会有意义,首要应该正确处理好下列关系。

第一,要正确处理好外来文化与本土文化之间的关系。一方面,外来文化具有的个性很容易被人们接受,其宣扬的自由文化也备受好评,高校校园物质文化建设需要外来文化为其"特色"服务;另一方面,高校培养的是中华民族的接班人,要有本土文化素养,所以其发展离不开本土文化。高校校园物质文化建设需要外来文化的支持,是由以下几点决定的。首先是由国际环境决定的,中华人民共和国是联合国的常任理事国,在国际上扮演重要角色,文化融合是我们重要的使命。其次,高校科研教学信息高速传递,国内外高校科教信息共享,相互交流,使得文化传递更为广泛。再次,高校的主流人群是年轻人,对新事物接受速度快是他们的特点,可以利用外来文化作为特色文化去熏陶感染年轻人。最后,国家在高校课程中设外语教学,在政治上要引进外来文化。与此同时,高校校园物质文化建设更要有本土文化的支持,高校诞生于本土,本土文化为本土人也为本土高校所创造,所以,高校校园物质文化建设离不开本土文化。高校特色校园物质文化建设对于本土文化的保护有两点需要注意,其一是保护校园内的古建筑,其二就是对于有必要的古建筑要进行二次利用。

第二,要正确处理好体制变革前后文化之间的关系。一方面,变革前,有些革命传统、优良作风都是中华民族的传家宝,代表着中华民族的优良传统。另一方面,改革后国家逐渐富裕,新兴的适合当今社会发展的新文化、新文明也随之诞生。高校校园物质文化建设需要革命传统做理论基础。其一,中国共产党是一个优秀的党,有着优良的革命传统,艰苦奋斗、自力更生等无不说明中国共产党的先进性,高校校园物质文化建设需要这样的优秀理论做行动指导。其二,高校培养的是社会主义的接班人,那么在文化感染上就一定要有优秀的革命传统。其中,中华民族几千年的历史传统就包含着艰苦奋斗这样的传统。高校校园物质文化建设同样也需要新文化的支持。时代的发展、社会的变革带来了紧跟时代的新思想,高校校园物质文化建设只有追随新文化、新思想,才能不落后于时代。

第三,要正确处理好高校优势属性与高校主题之间的关系。高校校园物质文化建设内容可以体现其优势属性,但绝对不可以拘泥于优势属性。其一,有些优势属性是无法以物化形态表达的,只能用言辞传达,甚至是铭记于心的精神;其二,优势属性只是本高校强势学科的代表,并不能完全涵盖其精神。高校校园物质文化建设应该体现高校主题。高校的存在是为了科学研究和教书育人,这两点很容易就以物化形式体现,并且是最直接、最可靠的环境育人。

处理好上述三种关系后,就可以提高人们对高校校园物质文化的认识。必须充分认识到高校校园物质文化是校园文化的重要组成部分,建设完美的高校校园物质文化对于发展中国特色社会主义的先进文化、贯彻落实党的教育方针、培养优秀的社会主义接班人、推进素养教育、促进大学生全面发展、实现教育目标、进一步推动高校自身发展等都具有重要意义。

(二)加大高校校园物质文化的经济投入

高校建设的经济投入出现的问题主要有两方面:一个是经济投入不足,另外一个是投入的分配比例不合理。加大经济上的投入、合理的经济投入,一定会使高校校园物质文化建设产生变化,具体从两方面着手。

一方面是整体性的经济投入的提高,对几个主体项目加大投入:

一是高校校园物质文化的特色项目,其设计费用和建设费用都应该有所提高;二是为了更好地开展科研、教学,实现"校园科技风景线",建设完善各种教学设施,经费应该提高;三是校园绿化投入的经费需要加大,个性化建设投入增加,具有感染力的项目投入增加,将校园绿化作为重点经济投入对象,加大适合本地生长的植被购买经费的投入,将校园园林化,公园化。

另一方面就是加大特定的高校校园物质文化建设的预算。例如,修建具有本校特色的雕塑、建筑等,单独拨出专门经费,专款专用,形成针对性强的资金投入。建设完毕后,及时对各个方面作出总结,找出大学生的学习成绩、高校的科研业绩和大学生的就业率与经费投入之间的关系。

(三)完善高校校园物质文化建设的部署规划

对于高校校园物质文化建设的规划和设计两方面的问题,各提出几点解决方案。

对于高校校园物质文化建设的规划问题:一是高校应该经常组织人员走访国内其他高校,交流学习特色物质文化建设经验,同时也要组织人员到国外知名高校参观交流,对于国外的新建筑,要及时做跟踪记录。建筑投入使用后,对该校学生科研就业等情况做系统的分析,找出内在联系,用科学的方法分析该方案是否适用本校,并及时将最新信息传到网上,以便业内更好地交流。二是高校的领导也要组织学习建设规划的相关知识,只有丰富了知识、开阔了眼界,才能更好地领导特色物质文化建设。高校的领导集体应该高度重视高校校园物质文化建设,在会议当中给予时间作充分讨论,并选出经验丰富的领导专门负责。三是高校要与当地政府部门保持密切联系,时刻把握周边建设情况,以便对本校作出相应的调整。鉴于全国各地建设速度快,高校应该每月关注校园周边变化,提前了解市政区域规划信息以便在校园规划设计上作出回应,尽快拿出适合校园周边的建设方案。

对于高校校园物质文化建设的设计问题:一是领导要高度重视设计的实用性和其具有的美学意义。建筑的美学意义在思想传播上起着至关重要的作用,实用性高的建筑也会给人更多的亲密感,这些应该被高校的决策者重视起来。二是组织本高校基建部门和设计部门,研究学习本高校校园物质文化发展史,从历史的角度出发,找出可以借鉴的特色物质文化,本校的历史是本校发展方向的重要依据,仔细研究本校历史,从中找出本校发展建设规律、从权威的角度仔细研究。三是在建设之初,多招募一些国内外优秀的设计团队,为本高校提供技术借鉴,技术上的优越性是完美建设的保证。现代优秀的设计师通常都会考虑人的感受,人在建筑中起主要作用、占主要角色。其设计会充分地展示建筑中的人文关怀以及在日后生活中人的感受的变化。四是高校可以搜寻国内外更多的高校优秀设计案例,尤其是近期的古建筑改造成功案例和节能环保型主体设计案例。改造的经典案例是最值得学习的,我国由于发展速度过快,有些建筑资源被浪费,在高校校园物质文化建设中起到负面影响。变废为宝不仅解决建筑资源和土地资源问题,更在人们心中树立起节约的理念。

(四)增强高校特色校园物质文化建设必要性的社会宣传力度

增强高校校园物质文化建设必要性的社会宣传,就是要向公众展示其具有的"正能量",让公众认为其成就会给社会带来福音。具体来讲,要做到四点:一是充分展示现有的高校校园物质文化,加大对外宣传力度,使更多的人认识本高校;二是狠抓教学和科研,通过真实的成绩来吸引公众,使之关注高校;三是利用媒体等通信手段宣传高校已有的特色物质文化和未来几年的建设目标,虚心向社会采纳建设意见,进而赢得关注;四是加强本校的思想政治教育工作,用各种方式让本校师生和社会公众在思想上对本高校的工作有一个认可,间接为高校做宣传。

除了必要的宣传,还要及时控制来自社会的负面影响。一是要控制商业化的高校。要限制高校内商业承包经营,通过政府调控,统一制定校园物价,限制高校内的商业宣传活动。领导要高度重视高校周边的商业行为,对于不适当的经营要给予取缔。对于商业化对学生成长的危害要对学生做心理辅导,让学生认清当下最应该做什么、如何正确地规划自己的人生,以及什么是真正的商业等。二是处理好来自"楼市"的负面影响,政府应出台相关政策,限制高校在扩建上的经费支出。政府制定合理的高校扩建政策,并且制定科学的高校土地使用规范。政府还应够正确地引导高校在这一时期的发展,使其继续保持"纯洁性"。高校要及时引导学生观看新闻,阅读经济时政,充分地了解经济政策,从思想上对不正常的经济现象给予否定,树立正确地价值观,坚信一切终究会走入正轨。三是有效地消除评级制度为高校校园物质文化建设带来的负面影响,政府重点要调整评级制度,调整经费的划拨制度,使其与硬件指标关联相对较少。要让学生在思想上认识到本校的核心竞争力是什么,哪些才是真正的有价值的、哪些只不过是虚名,对学生的价值观要有正确的引导。

多制定一些权威的评级标准(如绩效评级、就业率评级等),使经费划拨制度有多个标准可以参考。为了适应高校科学的建设,评级制度的变更应当更为频繁,要适当引进社会力量参与评级。①

三、高校物质文化建设案例

近年来,北京航空航天大学坚持把文化建设作为学校发展建设的重要组成部分,坚持文化建设与人才培养相结合,坚持以艺术滋养空间、以文化培育人才,精心打造了北航艺术馆、沙河校区艺文空间、

---

① 王卓. 高校校史档案对校园文化建设作用探析——以山东大学为例[D]. 济南:山东大学,2018.

北航音乐厅等多个文化艺术设施,成立了文化与艺术传播研究院,统筹规划、营建校园文化育人的氛围,产生了良好的人文艺术传播和广泛的社会影响,在全国高校起到探索和示范作用。

(一)坚持品牌定位,树立文化育人的理念与思路

北航以文化与艺术传播研究院为纽带,统筹多位一体的文化品牌设施建设。北航艺术馆建成数年来,坚持"公益性、专业化、高品位"的定位,已连续举办了130余场高品位展览,累计观众已超过百万人次,被媒体誉为"中国高校最有影响力的公益性公共艺术传播空间";沙河校区艺文空间自2012年4月落成启用以来,依托北航艺术馆的资源,已举办中国航空绘画作品展、国际青少年美术作品展、北航艺术馆双年展等7次展览,在发挥文化艺术育人作用中使更多的学生受益,增进大学生的艺术欣赏能力并激发其创意潜能;北航音乐厅自2012年5月落成以来,已引进和推介了多场公益性海内外高水平的音乐、舞台艺术精品,以及师生文艺演出,并将坚持"文化性、艺术性、经典性"的定位,持续策划具有较高国际水准、国家水平或民族风格的文艺演出和交流。

(二)坚持长期积淀,涵养公共艺术传播的文化氛围

北航坚持科学、文化与艺术教育的融合统一,通过每一次艺术展览和演出活动的举办,拓展和发挥自身的"造血"功能;坚持公益辐射,形成了良性运作机制和特殊的文化艺术滋养氛围,成为师生观众提升自我、丰富心灵的好去处,在润物细无声中受到心灵感化和艺术启迪,促进了大学文化育人功能的延伸。几十家社会媒体数百次跟踪报道了他们文化艺术育人工作的做法及成效。

(三)坚持文化立校,拓展大学文化传承创新境界

北航的文化艺术场馆以其成功的实践始终坚持"三个服务":服务于大学的发展建设、服务于大学的人才培养、服务于大学的文化引领。在文化与艺术传播研究院的统筹下,努力探索多种模式、联动协作、资源互补、形成合力的大学文化创新体制机制,致力于建立起惠及更多师生乃至社会公众的文化艺术教育传播体系,使艺术滋养校园空间,造就文化育人的新境界。

第四节　高校校园环境规划布置

高校校园环境建设应从人文景观、校园区标志性建筑、学习区、生活区和娱乐区等各功能分区考虑。

一、人文景观的建设规划

高校人文景观是相对于自然景观来说的,是指人为规划设计的景观,如雕像、碑亭等。高校人文景观彰显了学校办学理念、历史传统,增强了大学生对学校历史、特色文化的自豪感。在人文景观建设规划时,要把握好以下几个方面。

(一)体现大学发展定位

大学都有各自的建校历史和发展历史,每所高校的建校过程,都有不少动人的故事或非常可贵的精神值得传颂。大学的人文景观设计应该展现学校的发展轨迹,与校史、文化紧密相连。大学的发展定位是大学根据自身的特点和建设情况对发展远景的预期规划,有一定的前瞻性。各个大学有自己的特色,学科建设、科研成果、师资建设等,都是大学赖以生存和发展的基石。在人文景观设计中表现大学发展定位,有助于打造大学品牌,提升其社会影响力和美誉度。由此,大学人文景观建设要梳理办学历史、总结办学经验,凝练学校的办学传统和大学精神,将人文景观建设置于厚重的根基上,彰显高校的文化软实力。通过承载着丰富历史文化意义的景观,大学的文化底蕴和大学的发展定位才容易被感知，可以提高全体师生员工的文化归属感和认同感。

高校重要的历史事件、建筑古迹、办学定位、历史文化名人，都可以成为人文景观设计的源泉。一些高校的历史遗迹经受住了岁月风雨的洗礼，更加充满历史感和人文情怀。例如，天津大学的北洋大学堂纪念碑，展示了北洋大学堂是天津大学的前身的史迹，这具有历史意义的传统建筑遗迹，仿若在描摹那一段特殊的历史，蕴含着特有的教育传统和文化积淀。

（二）营造大学文化个性

知识经济时代价值多元、文化丰富、个性明显，人文景观建设也需要体现特色，张扬个性。大学在人才培养、社会服务、科学研究和文化传承创新等功能上，都饱含着丰富的价值理念，大学的人文景观也体现着大学的价值取向和治学精神。因此，人文景观建设要符合大学建设和发展需要，彰显自己独特的个性，这是人文景观建设核心之所在。大学文化个性可以通过建筑雕塑、园林景观等物质形态来表达，设计中应该保持大学独特的文化个性。特色和个性要与环境有机结合，也应该考虑文化传统的传承创新。

建设体现大学文化个性的人文景观，可以通过综合运用其场所语言，使大学精神能够延伸，营造一个可以陶冶情操、净化心灵的场所。大学景观设计要与师生员工的审美情趣相适应，要适应现代人逐渐增强的审美能力。要彰显大学文化个性，避免过度模仿及生搬硬套现象。在学校徜徉漫步时，既能给人独特的视觉体验，又能让人产生思索和思考。

（三）传承地域文化

地域文化是大学文化赖以生存的土壤和基石，对大学文化的影响深远。有着地域特色的景观环境，可以增进广大师生员工对学校所处环境的了解和认同。在这种情形下,尊重民俗,传承地域文化显得尤为重要。

大学与所在的地域存在着相辅相成、密不可分的互动关系。大学人文景观是学校环境建设的重要部分,也是所在地域的组成部分。不同地域的高校,其办学或多或少都会受到地域的影响,也会留下所在地域历史文脉的印迹。

大学应积极主动地了解当地历史文化、民风风俗,在校园景观的整体规划和设计中要尊重地方历史文脉。设计的人文景观要体现地域性,体现文脉的连续性。保护历史遗迹和已有的建筑文物,结合大学的特色风格,同时运用所在地域的民风民俗和自然元素,将校园建设成为与地域共处和谐的景观环境。同时,大学文化要在地域中发挥积极的导向、渗透、引领作用,推动地域的进步和发展。大学作为思想文化创新的重要源泉,是科技进步的孵化器和社会进步的加速器,是经济发展的加工厂和思想库,要不断追求更高层次的理性精神、不断创造更先进、更优秀的文化成果,积极主动地在服务和引导社会中作贡献、促发展,把体现大学精神的科学态度、道德标准、价值观念等传递到校外,影响和感染他人,实现与社会发展的良性互动。高校还要让校外的人员充分感受大学的人文情怀和文化氛围,从而对周边居民产生无形的熏陶和影响,也可以增加当地居民与大学师生沟通的机会,提高大学的知名度和美誉度。[①]

二、校园区的标志性建筑设计

(一)校园区标志性建筑的文化设计

高校校园标志性建筑是高校校园文化精神的外在集中反映,是园区建筑布局的统领性建筑,其含义之重大、影响之深远,是其他校园建筑所无法比拟的。其地处校园中心部位或中轴线之上,更显瞩

---

①李端杰. 高校校园环境设计[M]. 济南:山东科学技术出版社,2018.

目,其文化含义之辐射力更为集中和广泛,故对其文化内涵的开拓尤显重要。

1.设计中应把握好的要点

（1）体现意识形态与学术特征的结合

我国高校校园是社会主义精神文明建设的重要场所,是培养社会主义建设接班人和建设者的场所,所以强调标志性建筑的意识形态取向首先要考虑其文化内涵,恢宏、开阔、向上、进取便成为首要考虑的美学特征。同时,高校是以其崇高的学术地位来完成精神文明建设任务的,所以在强调标志建筑的意识形态取向同时,还必须与其学术地位相结合,在强调其恢宏、开阔的特征之外,还须考虑增添其崇高、隶穆的权威感,也可适当附加建筑物来凸现其学术领地的特征。

（2）体现科学精神和人文关怀的结合

高校的重要任务是探索真理,破解自然、社会、思维之谜,一代又一代学人呕心沥血、焚膏继晷,在追求科学、探索真理的道路上跋涉,付出了毕生的精力。何谓科学精神,简而言之,就是一种实事求是的态度,宽容兼收的学术情怀,铁面无私的理性精神,尊重实践的科学作风。在标志性建筑美学特征上要体现出严谨性、条理性、逻辑性来烘托对真理的尊崇和追求。但科学精神并非如钢铁和泥石般否定生命的存在、否定其人文精神的扩展,它同样要体现出对人的情感、需要的尊重,体现出对人性的关怀。所以在校园建设中,人文精神尤显重要。国内外高校的标志性建筑中虽不乏用现代化材料和手段来体现科学对自然的胜利之主题,但也不乏体现在高科技时代,人对其与自然关系的新思考。玻璃幕墙、铝合金门窗固然显示了新技术的力量和气派,但常青藤和爬山虎也未尝不能显示人类对自身命运的严肃思考和深层反思。

（3）重视体现集体主义精神和弘扬个性的统一

我们应清醒地认识到集体主义精神仍然是社会主义阶段的道德要求和价值取向,所以在标志性建筑中要充分体现出集体主义精神。但随着社会生产力的不断发展,追崇和仰慕更好的和完善的人格同样也是校园人的追求,他们希望在历史的条件下,个人被尊重、个性得到发展。把握好这二者的结合是高校校园文化建设的重要课题。

2.校园区文化氛围的营造

如果说校园区标志建筑是高校校园文化的重要载体,那么校园区文化氛围便成为高校校园文化的重要核心内容。高校校园文化建设就是通过设计好校园区标志性建筑和营造好校园区文化氛围这一系统工程来指导校园文化建设的。

校园区文化氛围不能凭空产生,它必须借助一定的物质或活动载体来营造和传播。作为物质性载体主要有:一是校园区标志性建筑。二是校训、校风、校歌、校徽等主体文化作品,高校校园文化正是通过这一系列主体文化的设计和创造来创设其文化氛围的。比如,美国哈佛大学1636年建校时所使用的校徽上面的拉丁文字"VEITES"(真理),拉丁文校训"以柏拉图为友,以亚里士多德为友,更要以真理为友"沿用至今,仍然不变,更是激励了数万哈佛人对真理的执着追求。三是橱窗、广播台、校刊、校报等宣传园地。高校要充分利用校园区各种宣传园地来传播和营造健康向上的文化氛围,以文载道、以文传道,弘扬主旋律、鞭笞不和谐音。

此外,通过在校园内开展各种主题教育或寓教于乐的活动,也是营造校园文化氛围的重要载体。

（二）学习区的文化场景布置

学习区,主要指教室、实验室、图书馆及其附近区域。创造一个文明高雅的学习区文化,是校园文化建设的重要内容。校园人只要置身于其中,就能感受到这种特定的亚文化对其心理、思想、行为的影响,产生由"观景入情"至"由情入理",由"形象思维"到"理性思维"的升华过程。

学习区文化场景布置应体现恬静优雅和治学严谨的学习区文化主题。具体说来,一是要创造好的学习环境,不论是教室、阅览室、实验室,一定要在"整""洁""静""雅"四个字上下功夫,给人以自然美和艺术美的享受,只有身心愉快,高质高效的学习和教学才有前提条件,倘若学习区使人心烦意乱,其效果可想而知。二是要创设治学严谨和知难而上的求学氛围。一般来说,这种氛围的营造主要通过在学习区选择合适的名人名言,以字画的形式布置在学习区之中,给人以智慧和人格的力量震慑,倘若学生在学习马虎时映入眼帘是"业精于勤、荒于嬉,行成于思、毁于随"的字幅,在学习遇到困难和挫折时看到的是"一个人无论处在什么样的环境里,总可以通过自己的不懈努力达到比较完善的境界"的至理名言,这对他们肯定有不小的教益。值得注意的是,学习区文化氛围的创设应把握好其针对性和有效性,不同院校、学科、专业在内容选择上应有所区别,切不可隔靴搔痒。

(三)生活区的文化场景布置

高校生活区是广大校园人进行休息、生活的场所和区域,它的文化场景布置有别于教学区和中心校区,这与其功能和作用有关。高校的生活区同样是校园文化建设的重要阵地,虽有别于教学区和活动区的主渠道作用,但却有其独特而不可替代的功能,它是以潜移默化的道德渗透、修身养性的心理优化,无声浸润的审美养成来达到对校园人特别是高校学生素质的全面提高的。生活区的文化场景布置一般应遵循以下原则。

1.要促进校园人的道德完善和自律

生活区的文化场景布置应体现集体主义精神,培养校园人的社会认同感,其错落有致的园区建筑组合、遥相呼应的景致特点较能体现出上述要求。场景布置要体现整齐划一与气韵生动的结合,整洁有序与生命节律的统一,自然景观与人工重组的一致,只有做到这些,才能使生活于其中的校园人在耳濡目染中接受社会主流道德观念的影响、形成良好的道德养成氛围、具有较高的道德品味,逐步明确个人与群体、个人与社会的关系,形成正确的道德观。无法想象在卫生环境脏、乱、差,生活场景秽污不堪,生活建筑不甚规范有序或呆板生硬的区域中能培养出有高尚道德情操的社会主义新人。所以要注意提高生活区的文化品味、文化场景所暗示或规范的道德要求,有时,哪怕是一只小巧整洁、放置合理的废物箱,一群悠闲地在地上啄食的鸽子,都能给校园人以无形的道德约束力和感染力。

2. 要促进校园人的心理优化

我们所处的是一个充满竞争和压力的社会,也是一个变幻莫测、飞速发展的时代,高校也不例外。生活区的文化场景布置应有助于校园人的心理优化,即通过审美娱乐、竞技等方式来优化心理,促进人格的健全与完善。在此应注意两个方面的结合:一是注意营造恬静优美的环境,在宿舍区、就餐区、休息区内,使校园人能从中感受到温馨柔美的文化气息,缓解因学习、工作而带来的心理紧张和压力,调整心理状态;二是借助充满动感和活力的景点和物件设置,来鼓励和暗示个体成员通过恰当的活动方式达到宣泄情感、化解心理困境的目的。

3. 应在潜移默化中提高广大师生的审美自觉

高校校园文化的高层次表现之一即为校园人具有较高的审美感觉,其建设重在培养高雅的审美趣味,树立高尚的情操。由于在生活区中,校园人的心理状态处于比较平静、悠闲的状况中,这正是审美活动开展的极好时机,文化场景的高雅品味、布局的合理美观,不仅直接给人以愉悦的感觉,也间接地给人以"润物细无声"的审美能力与情趣的熏陶。由于这种影响是日复一日的长期的重复刺激,是极其深刻的,故在场景布置中要极为慎重,精心设计,做到匠心独运,趣味高雅。一花一木、一景一物均要一丝不苟。许多名牌大学的一些生活区,均以"园"名之,有的以中国古典园林的标准来营造,它们以浑厚的文化底蕴和精美的场景布置发挥着较好的"美育"作用,并使自身成为校园文化的一个景致。

三、娱乐区的活动场景布置

娱乐区主要是指开展文化、艺术、体育活动的区域和场所,包括礼堂、活动中心、体育场馆等。这个区域的活动通常有讲座、演出、比赛等形式。这个区域的文化建设:一是要体现思想性。各种文化、艺术、体有活动的开展,不能只是为娱乐而娱乐,应有一定的思想教育内容深入其中,这是高校校园文化建设的内在要求,此外,在竞技比赛中的团结拼搏精神以及公正裁判的作风,也是很富有教育意义的。二是要体现娱乐性。这是娱乐活动的本义,毋庸讳言。三是要体现现实性。不同的高校有不同的学科背景和物质资源,而且其校园人的实际需要也不尽相同,这就要求我们要从实际出发,因地制宜地开展好各种寓教于乐的活动。这里也应该强调的是,娱乐活动的文化场景设置既是文化,也是艺术。

第四章　校园文化的育人功能

第一节　校园文化育人的要素

文化是一个民族的血脉，是民族和人民的精神家园。文化无形胜有形，人从文化中汲取养分，人同文化的关系就如同鱼和水的关系，互相促进、密不可分。鱼只有离开了水才能感受到水的重要性，文化觉悟就是从这时候开始的。文化会随着社会物质生产的发展而发展，健康向上的文化都是在继承人类文化遗产和社会实践的基础上创造发展起来的。随着人类生活物质条件的提高，人们对精神和文化的渴望更为迫切，人们对文化的认识逐渐深化。随着社会的发展，大学和大学校园文化开始引起人们的关注。

一、校园文化育人的重要性

校园文化是学校特有的文化现象，是一所学校在长期的教育实践中创造并积淀下来的全校师生所认同的价值观念、目标追求和行为方式，一般分为理念层面、制度层面和物质层面。理念层面的校园文化是校园文化的核心，反映学校的理想信念和价值追求，是校园文化的精神，也是制度文化和物质文化的思想基础；制度层面是校园文化的具体物化，是广大师生员工所公认或者必须遵守的规章制度和行为准则；物质层面是校园文化的外在表现，是通过制度文化规范不断提炼、不断融合,将理念文化展现出来所得到的。校园文化是从长期的实践活动中累积的,是大学得以生存和发展的重要根基,是历经自身积淀并具有大学专属特征的一种文化形态,是在对社会文化不断分辨、吸收汲取的基础上融入大学意志,并以独特观念的形态呈现的文化现象。校园文化是各所大学互相区别的重要标志,具有专有性、稳定性、标志性、延续性,是一所高校的核心所在。同时,校园文化作为国家整体文化的重要组成部分,也是一个国家、一个民族整体文化的命脉,是社会文化发展的"指南针",能真实地折射出社会文化的整体发展进程。同时,它更是社会文化的"助推器",在参与社会文化的传承、创新、传播、发展过程中需要扮演更加重要的角色。

大学是优秀文化传承和思想文化创新的重要组成元素,承担着引领社会先进文化、推动人类文明进步的重要使命。良好的校园文化不仅可以增强高等学校德育工作的针对性和实效性,而且对培育中国特色社会主义事业的合格建设者和可靠接班人具有重要且深远的意义。中共中央、国务院在《关于加强和改进新形势下高校思想政治工作的意见》中指出,高校要开展积极向上的校园文化活动,提升校园文明程度,引导大学生勤学、修德、明辨、笃实。校园文化建设的宗旨是提高大学生的综合素质,创建以人为本的和谐校园文化环境。加强和推进大学校园文化建设,是贯彻落实《国家中长期教育改革和发展规划纲要》的重要方针,也是对"文化强国"战略的实践。

校园文化的育人功能主要体现在,它不但能使置身其中的广大师生在生活学习等各方面都得到熏陶和感染,引导他们建立符合时代社会要求的价值观,还可以规范师生的思想和行为方式。首先,与大学日常教学实践活动强调"传输性"不同,校园文化的教育功能更多表现为它的隐蔽性、人文性、暗示性和渗透性。校园文化能够使生活、学习、工作其中的人在不知不觉中接受教育,并内化成风尚、习惯、规范,从而带上校园文化的印记。其次,与校园文化的社会性功能和情感性功能相比较而言,育人功能虽然在一定程度上也表现出对学生社会化和个体情感化的关注,但它更多强调的是"文化育人"的精神文化氛围。好的校园文化可以促进学生成长进步,同时也使教师教学科研和职工工作有了良好的外部条件;同时,在大学师生的心理意识、行为观念的形成和发展过程中也承担了重要功能,如聚合、导向、娱乐和育人等,其中,育人功能是核心。因为大学以育人为本,育人是大学的最根本功能,是大学的固有属性,也是大学存在的基础,若脱离了育人,大学就不能称之为大学。虽然校园文化的其他功能也都表现出育人的特点,但"育人"要义不只在于让学生掌握一门专业知识和技能,更重要的是在掌握知识的过程中让学生学会做人做事,提升其文明素养和个人修养,做一个全面发展、身心健康的人。

大学的根本使命是培养人才,大学的每一项工作都与人才培养质量密不可分。高等教育作为高级人才培养的主阵地,理应以社会对人才的需求为出发点,探索和构建相应的人才培养模式,促使高校毕业生高质量的充分就业。显然,为构建适合人才培养而形成的校园文化就显得尤其重要,特别是在大学教育日益普及的今天,对于不断创新的教育模式和优化育人环境来说,繁荣发展校园文化势在必行,大力推进素质教育,全面提高学校教育工作的针对性和实效性,对为社会主义建设事业培养和输送高素质人才、推进社会文明进步等方面意义重大。我们要充分认识大学校园文化的育人功能,努力建设具有时代特征和富有特色的校园文化,不断满足社会经济发展的需要和国家对创新拔尖人才的需要,不断满足人民群众日益增长的物质文化精神的需求,培养高素质的创新人才。我们要高度重视校园文化建设,充分发挥校园文化的育人功能,促进教育质量不断提高,培养出更多高素质的创新人才。①

二、校园文化育人的表现

大学文化是由相关要素关联构成,其中包括大学理念、大学精神、大学价值追求、大学制度和大学环境在内的一切文化要素,这些构成了校园文化的生态系统。总体来说,校园文化承担着为社会大文化建设培养德、智、体、美、劳全面发展人才的历史重任,潜移默化地影响着身处其中的学子们。将这些因素概括起来,大学校园文化因受不同群体价值取向的内在支配而趋向分散化和多元化。随着社会的进步,大学校园文化的表现形式,可以从两个方面来进行阐述:一是从精神层面来建设"无形"文化,二是从行为、物质、制度层面来建设"有形"文化。具体来说,大学校园文化就是指生活在高校中的教育者受教育者及行政人员等在长期实践办学中逐步体现出的具有学校特色的物质文明和精神文明。校园文化应当包括优美的校园环境、科学的管理制度、良好的校园风气以及丰富多彩的文化活动。这就要求一所大学要有整体并合理的科学规划,建设有完备的基础设施,存在着蕴含高校精神的人文景观以及满足广大师生所需的服务设施,并且还要总结凝练出自身的办学特色、科学的管理制度、浓厚的学术氛围以及独具特色的校园文化活动。

大学校园文化建设可以说是一项庞大的系统工程,在构成校园文化的物质、制度、行为、精神等多个要素层面上形成自己的文化,已经成为各高校努力探索和追求的目标,也是各高校打造教育品牌、塑造独特形象形成竞争力的基本途径。

(一)校园文化育人在校园物质文化中的表现

校园物质文化是高校校园中的显性文化,主要是将各类实体的

---

①陆模兴,王艳伟,王永伟.校园文化视角下的大学生体商素养培育探析[J].湖北开放职业学院学报,2019,32(22):64-66.

存在表现成一种文化形式,是大学校园精神文化活动的重要物质载体,也是大学校园文化的重要外在表现。

第一,校园特色物质文化建设要进行科学合理的规划。大学的物质文化尤其是校园环境,对师生审美情趣、道德情操具有潜移默化的影响。很多大学在修建之时,仅仅重视基本保障,很少高校对自己的物质文化特色进行深入的考察和论证。物质文化的建设既要从宏观入手,体现整体建设的一致性,也要注重对学校沉淀的历史文化加以体现。假如没有整体布局规划,"拆东墙补西墙",顾此失彼,就会使校园环境在布局上出现缺漏。

第二,大学在办学实践中,由于时代、条件、背景、目的不同,每所校园物质文化建设都会拥有不同的特色,折射出当时所追求的精神风貌和理想信念,而那些保存至今的建筑物也成了校园人奋斗的历史见证。因此,在大学物质文化建设中,我们更是要将一所大学的历史烙印深深地刻在物质文化建设中。

第三,要正确处理好一所大学的行业属性。有些高校的本身属性可以以物化的表现形式加以展现。这种具有高校属性的物质文化建设可以分为基础型和本质型两种。基础型物质文化指伴随着高校的发展需求而去调整的物质文化,可以概括为实验设施、操作模型、网络系统、专业前沿刊物等。本质型物质文化是指高校校园物质文化中体现的优势属性,无论在形式上还是内容上都能够充分体现一所高校的优势学科,并在较长时间保持稳定的校园物质文化。这种具有高校优势属性的物质文化建设体现了高校的办学目的和意义,是最直接、最可靠的"物化育人手段"。

第四,网络媒体是一种新兴的文化平台,现在已经成为21世纪大学生生活的重要组成部分,时刻在改变和影响着学生思想、道德和文化理念、文化认同等方面。高校网络文化建设应以引领校园办学理念为宗旨,以占领和开拓网络文化建设主阵地为主要模式,将教育、管理、服务、实践四大功能融为一体,通过网络平台,展示学校风貌,更深层次地挖掘校园文化,实现全面育人。

(二)校园文化育人在校园精神文化中的表现

大学校园精神文化主要是指学校在长期办学过程中形成的文化观念。

第一,一所大学的文化传统、精神氛围、理想追求、人文气象是最具凝聚力、向心力和生命力的,是一所大学最具特色的标志。大学精神的提炼既是历史传承的积淀,同时也是现实的积累和创造。它包含着哲学思辨、精神倡导、价值取向、理论导向、舆论引领等多重文化内容,是一所大学的精神支撑和力量源泉。大学精神具有一所学校特有的精神力量,它的内涵和特征是几代大学价值体系的凝练,对大学的办学方向起着导向作用。可以说,大学精神是一所大学校园文化的核心,而大学校园文化直接体现着一所大学的大学精神。大学校园文化是出现在大学校园里的一种文化现象,是以大学精神为核心和导向,在大学的发展积淀过程中逐渐形成大学思想。如果没有大学精神的引领和支撑,那么大学校园文化建设就会失去目标,偏离正确的发展方向。

第二,校风、校训代表的是一所大学的形象,是大学精神的显性标志。大学精神通常凝练在校训里,体现在校风中。大学精神最具生命力,体现了大学的办学理念。大学精神一旦形成,与大学文化一样具有相对的稳定性、较强的融合性和渗透性,是高校发展的底蕴所在。校风是一所大学全体师生员工行为规范和精神风貌的集中体现,对校园人具有强大的同化力、感染力和约束力。校风主要包括教师的教风、学生的学风和管理与服务人员的工作作风,一所大学的校风秉承的是大学精神。校训是大学精神的凝练,是对一所大学办学理念、人才培养目标和精神文化的高度概括。例如,清华大学的校训

"自强不息,厚德载物",北京师范大学的校训"学为人师,行为世范",哈尔滨工程大学的校训"大工至善,大学至真"。大学校训的内涵不仅体现学校的历史传统,也应符合现代大学精神的追求,能被校园人所普遍认同,并成为他们共同的文化自觉和精神追求。言简意赅独具特色的校训,是一所大学鲜明个性特征的体现,是大学精神的凝练,对学生具有很强的教育意义。

(三)校园文化育人在校园制度文化中的表现

大学制度是一个内容丰富、结构复杂的体系,行政管理体制是学校制度的核心,决定和制约着其他制度,它是维系高等院校正常秩序中不可缺少的重要保障机制。在长期的办学实践中,科学的制度会继续传承下去,而不科学、不合时宜的制度则会被剔除、改造或创新,形成较为完整的管理体制。大学制度建立在国家相关的法律法规、国家制定的方针政策,以及地方政府与教育部门的规定基础之上,在确立过程中,有效地结合自身发展过程中的经验或借鉴其他大学制度的合理成分,它的建立主要是为了约束、规范和保护校园成员的行为与利益,以维护大学生日常的学习和生活。这些制度是学校组织和管理活动行使职权的依据。有据可依,有章可循,校园中的一切学习、生活和工作才能杂而不乱、井然有序。大学制度文化建设是一项复杂的系统工程,体现了高校管理者的价值取向、信仰追求,它有三点需要注意

第一,保障高校有序运行的大学章程。科学的制度保障对大学校园文化建设具有统领作用。而大学章程必然是大学制度文化建设的重要组成部分,它对学校其他制度建设起到统领性作用,是大学办学的纲领性文件,是大学精神文化的必然产物。对大学章程的制定,首先是要解决一所大学的办学定位,真正能回答"怎样建设一所大学,建设一个什么样大学"的基本问题。其次,要彰显学校行业特色、

学科建设与发展机制。加强学科建设是提升大学核心竞争力的根本着力点。最后,探索建立个性化人才培养机制。大学组织管理制度的制定是大学特色制度文化建设的重要途径,是对学校愿景、办学特色的凝练,也是整合办学资源、落实发展措施的重要手段,既能增强学校对师生员工的约束力、吸引力、凝聚力,又能增强师生员工对社会文化的自控力和辨别力。

第二,探索一系列管理制度文化建设。首先是教学制度文化建设,教学工作是高等学校的中心工作,要充分调动教与学两个方面的积极性,遵循"导向性、自我约束力和人性化",创设出科学严谨的教学层面的制度文化。其次是科研制度文化建设,在认真研究学科发展规律、科研人才成长规律的基础上,构建长效性体系、评价指标体系和制度体系。最后是人事制度文化建设,根据不同的办学特色和不同职称的教师,制定出符合职业发展规律的考核体系和培养选拔模式,以及学生管理制度、实验室制度等。

第三,核心是广大学生的德育教育。以学生为本是制度文化建设的第一要素,首先,紧抓大学人才培养方案的制订,使学生的培养更符合社会需要和人才培养机制。其次,将德育、智育与美育等有机结合起来,以校园文化引导大学生立言立行,做到内化于心,外化于形。在制度文化建设中更应该倡导以德立校、依法治校,从制度到实践,促成道德内化。

(四)校园文化育人在校园行为文化中的表现

大学行为文化是大学作为一个组织存在的文化根基,是大学的核心竞争力,具有吸引力和开拓力的特性,是建设校园文化的活力之源,亦是一种可以潜移默化影响学生的教育力量。

1.教师的榜样力量

大学校园行为文化是推进校园文化建设的主要载体,教师是主导,学生是主体。正所谓"亲其师,信其道",大学教师的人格魅力、坚定的信仰、渊博的知识,使学生对教师产生敬佩感、依赖感、亲切感和信任感。学生会把对老师的这种认同带到自己的学习生活中去,从而对学校的规章制度、校风、学风产生强烈的认同感,从而激发依赖感、归属感和荣誉感,对学校产生热爱。这是利用榜样力量激励学生渴求知识、探寻真理的欲望。

2.学生社团是大学校园文化的主要表现形式

社团活动是课堂教育的补充和延伸,在塑造大学生健康人格方面扮演着重要的角色。学生社团活动为大学校园带来无限生机。通过参加社团活动,学生会发现自己课程以外的学术兴趣和才华。参加社团文化活动是大学生进行自我学习和进步的良好渠道,在社团活动中,有些活动是在教师的指导下开展的,教师在学识、人格方面的魅力也会对学生产生潜移默化的影响。在参与活动的过程中,学生不仅能够明确自己的爱好和特长,也会在活动中相互帮助和激励,从而促进学生人际交往能力的提高,有助于学生人格的完善和发展,从而树立正确的价值观。参加学术型社团活动可以培养大学生的创新精神和实践能力,实用型的社团活动可以帮助大学生弥补知识和能力的缺陷,完善学生多方面立体型的知识结构,娱乐型社团活动能帮助学生缓解其内心的紧张情绪,从而使机体得以平衡,缓和学生存在的不良困惑和压抑情绪,帮助其恢复正常的情绪和情感状态。

(五)校园文化育人在校园生态文化中的表现

大学中生态文化不仅是一所大学的建筑、道路、花草树木等,更多的是这所大学所包含的历史、文化与内涵,这些抽象精神通过具象的建筑景观及环境表现出来,形成独一无二的、富有深意的校园生态文化。如果给校园生态文化下一个定义的话,它应该是指教师、学生和管理者在作用于校园和与之相关的社会环境的过程中共同传承和创造的精神成果的总和。它能直接反映师生的思想观念、价值取向、团体意识、群体形态和行为体系。校园生态文化的表现形式是上述几种文化相互协作的结果。

1.物质文化

世界是物质多样性的统一，物质决定精神，精神反作用于物质。从本体论的意义上讲，物质是本原，是第一性的，而精神是派生的，是第二性的。体现在大学校园生态中，物质系统仍然是第一性的，决定了文化系统。但是大学校园生态系统不是天然自然，而是人工自然，学校对于校园环境的改变，校园主体的影响等，都使大学校园生态具有了"人化"的特性。例如，教学楼本身虽然是砖瓦构造，但是其设计和完成都要经过人的实践，从这个角度来说，教学楼不再是单纯的物质，而是物质文化的象征了。

2.精神文化

与物质文化对应的自然是精神文化，这其中包括了大学的传统、大学的精神、学术文化等主流文化，也包括了网络文化等亚文化。精神文化本身是封闭与开放、一般与特殊、内部与外部的统一。这是因为由于时空限制，精神文化是以大学校园作为基本活动范围的，但是由于校园的开放性，就会与社会文化发生碰撞。社会文化作为强势文化，会在很大程度上影响校园精神文化的变迁。但是，校园精神文化在特定时空中具有排他性和主导性，又能保持自身的相对独立性。

3.制度文化

从概念上讲，制度文化是指在大学发展的历史进程中，校园主体共同遵守的办事规程和行为准则，以实现资源优化和效益最大化。大学校园生态系统内部结构的存在，运行程序和外部功能等都需要通过制度的形式予以明确，但是制度的存在并不意味着效用的发挥，需要校园主体去制定、修改、完善、执行和反馈。制度文化的形成会促进物质文化和校园文化的发展，最终实现大学校园生态系统的平衡和发展,具有保障性的作用。同时,制度并不是完全意义上的主观建构,而是"合规律性"与"合目的性"的统一。

4.行为文化

行为就是人们日常生活中所表现出来的一切活动的总和。按照行为主义的观点,行为与思想之间是派生与本源的关系,通过行为判断思想是完全可能的。在校园里,学生的道德素质和学术修养等都是通过行为来展现。例如,有的大学校园里,经常可以看到学生在公开场合有过分的亲密行为,这就通过学生的行为体现出了学校的风气,有的大学校园里则是有晨读的传统,每天清晨都有大量学生在花园里学习。行为文化是高校管理者判断学生基本情况的调查表,是连接现象学意义上的认识与认识对象的枢纽。

这四种文化之间通常是互相依赖、互相影响、互相制约和相互统一的,共同构成了大学校园生态文化。

第二节　校园文化育人的机理

《国家中长期教育改革和发展规划纲要》指出,高校应承担积极推进文化传播,弘扬优秀传统文化,发展先进文化的发展任务。要建设社会主义的文化强国,增强国家文化的软实力,必须坚持培育并践行社会主义核心价值观。高等教育作为文化传承的重要组成部分,不但是文化大发展的重要载体,而且是民族文化创新的基地。高校不仅是传承、传播和创造先进文化的重要场所,还承载着为党和国家培养优秀人才的重要使命。因此,大学建设必须牢固树立文化育人的理念,把握文化育人的时代内涵,融合多元文化,深化对文化实践的认识,让良好的校园文化成为学生的价值向导,不断推动对文化的认识,不断鼓励学生创新实践,继往开来。

一、校园文化的育人内涵

校园文化是大学育人的软实力,校园文化不仅体现在教书育人、传道授业,更体现在营造学校的文化氛围、积累文化底蕴使其影响学生的道德修为、精神面貌,进而影响整个社会的道德风尚和文化氛围。新形势下,社会多元思潮剧烈冲击着学生的思想与心灵,校园文化育人面临全新的挑战与机遇,需要对校园文化育人的内涵有更深刻的把握,才能有力提升校园文化育人的质量与水平。

(一)丰富物质文化,实现文化熏陶

物质文化是指为了满足学生学习、生活、成长等方面的需求所创造出的物质产物和文化氛围,物质文化不仅是大学文化的外在体现,还是弘扬精神文化的重要保障。丰富物质文化的目的在于,以优美的文化环境、良好的文化氛围,为学生的成长成才提供物质基础,为精神文化的传承与积淀提供物质载体,为师生学习、生活、工作提供文化熏陶的环境。物质文化体现在学校的建筑风格、基础设施、图书资料、仪器设备、雕塑盆景、地标建筑、广播、网站论坛等,通过校园环境、人文景观的建设,让学生感受到学校独特的文化风格,营造独特的校园文化氛围。新形势下,新媒体在学生群体中的广泛普及,使物质文化外延到网络平台,学校的网络社区、自媒体、网络公共平台作为学校文化氛围的组成部分,承担着越加重要的文化熏陶功能,学校必须注重网络新媒体平台文化的建设,为网络平台的运营提供物质上的支持和保障,更多地深入师生生活,宣传精神文化,使学生在接受网络信息的同时,接受校园文化的熏陶。

(二)培育精神文化,实现文化认同

大学的精神文化是大学文化的核心内容,是大学发展历程中积淀下来的宝贵财富,是大学社会声誉的突出体现,更是彰显大学特色

的旗帜象征。在培育大学精神文化的过程中,重在实现凝聚广大师生思想意识的文化认同,使全体师生形成共有的价值观念、理想追求、心理素养、道德修为、思考方式、行为准则等精神层面的价值取向。在多元化思潮的背景下,高校要进一步明确精神文化的内涵,积极宣传文化特色,创立自身的精神文化品牌,以学生喜闻乐见的活动为载体,传播精神文化的育人理念。社会主义核心价值观,为文化育人的方向提供明确的引导和指示。高校一方面要明确社会主义核心价值观的内涵,将其内化为学校精神文化的一部分,注重校园诚信和学术规范的建设;另一方面要提炼出特色精神文化的精髓,如校训、校歌、校徽、校旗、校史等,将学校的办学理念和特色文化与时代背景相结合,进一步明确学校的发展定位,展现出学校富有朝气的精神文化。

(三)建立制度文化,实现文化引导

大学的制度文化是指维系大学运行周转、指导学生行为规范的政策、制度、法律等规则体系。大学的运营不仅需要坚实的物质基础,还需要严格的制度管理。高校校园文化影响着大学制度的形成,制度的背后是文化使然,制度是文化的体现。从另一个角度来看,制度也是传播、创造精神文化的重要保障,要维系一个组织高效、有序、规范地运行,必须有一个合理的制度体系做监督引导。学校的制度文化存在于学校的大学章程、管理规定、仪式活动、教育形式等各个方面,深入学生会、社团、班级团支部等学生组织,通过对学生行为的规范、制约,来正确引导学生的思想思维、行为准则,进而激发学生高尚的情感和道德,养成良好的行为习惯,达到以制度文化育人的目的。《中共中央关于全面推进依法治国若干重大问题的决定》提出了建设中国特色社会主义法治体系,建设社会主义法治国家的总体目标,也对高校管理提出依法办学、依法治校的要求。新形势下,学校

要围绕精神文化培育的总体目标,进一步加强学校管理法制化、民主化建设,建立依法治校的制度文化,做好学生的文化引导工作。

（四）加强行为文化,实现文化育人

校园行为文化是校园活动主体在实践活动中学生表现出来的各种行为方式,是学校中各个成员参与教学过程中所实施的各种行为,是一所高校精神风貌、校园文化和办学理念最直接的外在表现。同时,校园行为文化还集中体现了一所高校的校风,学风、干群关系及师生关系。高校行为文化是置身于现代社会文化大背景中的一种具有自身鲜明特色的亚文化,除具有多样性、发展性、传承性等社会文化的一般属性外,还具备先进性、规定性、教化性、辐射性等特征。

高校作为传承文化和创新文化的场所,其行为决定了传承和创新的理念,而一所高校的办学理念又必然会规定一所高校的办学行为和教师的教学行为。因此,强化高校行为文化建设,树立良好的高校的形象,强化高校教职员工行为文化规范,要求其在各方面做表率,可以不断推进高校教学组织工作创新与创优,从而树立高校良好的社会形象。总之,加强校园文化建设,使整个校园文化形成不仅是课外的校园文化活动,更要把握加强人文文化建设的本质,从教学、科研、管理、人才培养等方面的发展方向,营造全方位的文化育人环境。

（五）改善生态文化,实现文化发展

生态文化建立在人类对可持续发展的认同的基础上,是人类历史发展的选择和结果。学校教育的文化观应面对这种新形势,调整教育环境中的各种生态因子和教育对象的生理环境,即建立新的生态文化观。为此,一是要抓好学生生态知识的普及工作,利用校园宣传、网络服务、课堂教育、党团活动、社会实践等形式,开展生态知识普及活动,使学生在学习科学和人文知识中充分认识生态发展的规律,提高对生态发展的理解。二是要充分利用高校科研优势,创造先进的生态文化。高校在理论的探索方面有很大的优势,应组织相关人员加强对生态文明相关问题的研究,或从生态发展的角度考虑科技的创新,并把理论研究成果或科技成果回馈于社会,直接或间接推进生态文明进程。这对于学生来说,不仅能直接分享教师的研究成果,更能使他们切身感受社会对生态文化的认同程度,有利于生态文化观的形成。

校园环境是校园文化的外在显现,是精神文化的载体。良好的校园布局、建筑风格、绿化美化和环境中蕴含的人文气息,是无声的育人方式,对陶冶情操、启迪智慧、积淀高雅的校园文化,有着潜移默化的作用。为此,高校要充分发挥自己的优势,使校园物质设施成为表现和传递文化的物质载体。建筑群体及其环境不仅要整体和谐、功能合理、简洁明快、充分体现人与自然的和谐统一,而且要赋予校园内包括楼堂馆所、花草树木等在内的建筑、设施和环境以丰富的文化内涵,让校园的每个角落都充满大学的历史荣耀,不俗的意志品格和高等学府特有的庄严、肃穆和凝重,处处展现出现代大学的科学、文明和进步,充分发挥校园环境陶冶情操、修身养性之功能。[①]

二、校园文化的育人维度

大学是知识和文化传播的殿堂,推动着我国知识经济的形成和发展,肩负着为我国社会主义现代化建设培养德才兼备全面发展人才的重任。高校校园文化一方面指引着人的全面发展,同时又给他们提供巨大的舞台促进其发展。高校校园文化是在各类积极意义的文化基础之上融合而成的。大学校园个体能够根据社会的发展要求,顺应时代发展的主旋律,依据整体的教育目标,确立一定的价值目标体系和行为方式,形成一定的文化氛围,对校园个体起到一定的

---

① 徐伟. 高校校园体育文化建设及其育人的内在机理分析[J]. 北京体育大学学报, 2015,38(1):94-99.

指引和熏陶作用。大学生可以在这样的条件下,选择适合自己的价值目标、生活方式,从而塑造自身的人格。反过来,校园个体是高校校园文化的创造者、参与者和享受者,他们能够根据自己的兴趣、特长和需求,通过参加各类丰富多彩的校园文化活动,发现自己、证明自己、塑造自己,从而完善和发展自己。大学为学生的全面发展提供了一个巨大的舞台,它的校园文化是一种高层次的文化,有着多层次的内容。因此,校园文化的育人维度也是多方面的。

(一)塑造品格

从物质文化建设方面来说,学校的教室、文化娱乐场所、实验室和宿舍等各类场所,都是为校园个体所服务的,都是为实现教育这个根本目标而服务的,充分体现了其教育服务功能。比如,学校的图书馆是知识的宝库、是知识的殿堂,环境优雅,有利于师生读书。一些国内知名院校的雕塑、极具特色的校园纪念馆、名人故居等都体现了这些院校的历史文化传统、教育目标和成就等,无一例外地激励着后人不断向前辈们学习,创造更加辉煌的成绩。

从精神文化建设方面来说,学校的各项管理规章制度和校风学风建设等教育作用更显而易见、更直接、更深刻。学校的各项管理规章制度是学校进行办学的有力保证,这些制度规定了学生在学习和生活的各个方面和各个环节的要求。这些管理规章制度都蕴含了学校深刻的教育制度文化。如果说学校的各项规章制度是有形的力量,那么校风和学风就是一种无形的力量。校风和学风一旦形成,对每一个校园个体都会起着一定的导向、约束和激励的作用,这是一种无形的教育工作和教育力量。

(二)思想引领

1.思想引领表现在陶冶学生的情操

学校优美的校园环境、如诗如画的校园风光、布局合理的校舍建筑、积极健康的教育教学设施、整齐干净的道路等,无一例外地将带给学生巨大的精神力量。学生在良好的校园文化的感染和熏陶下,由美生爱,从而产生热爱母校、热爱家乡、热爱祖国的优良品德。学生在优美幽静的环境下学习,舒心怡神,从而有利于增强他们的环境保护意识。积极健康的校园文化对低俗腐朽的消极文化也有很好的抵制作用,能够帮助学生形成良好的世界观、人生观和价值观。

2.思想引领表现为培养学生的集体意识和团结合作的精神

校园文化是以学校为单位的,学校是一个集体,这就要求学生要注重学校的集体形象,要正确地处理好集体利益和个人利益的关系,坚持集体主义原则,注重彼此间的相互协作,不然就会受到来自集体的人际压力。不论是自身发展的需要还是外部环境的压力,都要求学生正确地处理好集体和个人的关系,牢固树立集体意识和团结协作的精神;反过来,一个团结友好的集体也会使学生感受到集体的温暖,深刻意识到集体力量的强大,从而树立起集体主义的思想和观念。

3.思想引领表现为培养学生的健康个性和健康心理

青年学生都追求多姿多彩的精神生活,并且每个人的业余爱好是不同的。校园文化的内容是丰富多彩的,这就满足了学生精神需求的多样化和个性化,避免了单一化的倾向。同时也有助于那些个性突出的学生找到适合自身的精神生活,并在其中看到自己的价值,激发他们的主动性和积极性,树立一个积极健康的自我形象。现代青年学生的适应能力较差,多姿多彩的校园文化有利于培养学生的心理适应能力。学生在优美的校园环境下,能够放松心情,有利于增强他们的进取心。丰富多彩的校园文化活动还可以扩大学生的交际圈,帮助那些孤僻内向的学生打开心窗,找到知心朋友。学生沉没在欢乐的校园文化活动中,可以忘却那些不愉快的事情,从而帮助学生培养健康的心理。

（三）行为规范养成

置身校园文化中的师生不仅受到了文化感染、熏陶和教育,同时思想观念、价值判断、道德行为也会受到校园文化的规范和制约。这种规范和约束是通过学校长期以来形成的制度文化、共同认同的道德规范和优秀的精神文化传统来影响个体,对师生员工的行为具有广泛的约束力。学校健全的规章制度以及在此基础上形成校园制度文化都是规范大学生行为的外力,而校园中的集体舆论、道德规范则是大学生彼此约束的内力。学校严格的规章制度和健康的集体舆论对学生的言行举止具有规范导向作用。当学生的某些言行举止不符合学校的规章制度和集体舆论的要求时,学生便会进行自我调节和矫正,从而尽可能地去达到要求。

此外,教师作为与学生接触最多的大学主体、教育主体,他们的行为准则、职业道德的遵守,对大学校园具有重要的示范作用,不仅是学生学习的榜样,也是一所大学有效运行、不断发展的保证。良好的校园文化所包含的学校优良传统和文明习惯,都对师生的行为养成起到促进作用。

（四）实践教育

对于学生来讲,大学是他们生理、智力发展的黄金时期,是他们获得独立于社会的能力、取得社会活动资格的极为重要的阶段。这个阶段培养学生适应社会的各种能力,帮助他们学会各种适应社会生存的规范、知识、能力和生活方式等,从而使各方面得到协调发展,与社会之间达到一种平衡有序的稳定状态。

1.高校校园文化能够帮助青年学生掌握适应社会的各种知识技能

为了进一步达到素质教育的要求,我国很多高校相继进行了一系列的课程体系改革,突破了以往狭隘的学科局限性,拓展学生们的理论视野,培养学生以多维视野去观察社会中复杂多变问题的能力。最重要的是,理论与实践有机地结合起来,真正地做到理论联系实际,帮助学生理解、掌握并且学会运用知识。只有通过实践,学生才能够切身体会到教师在课堂里所讲的许多道理。在这些活动中,青年学生可以逐渐提升自我管理的能力,也可以增强其自主、自立、自信和自强的意识,提高其独立生活的能力和进行社会活动的能力,改变了以往他们只与书本打交道的状况,为他们将来走向工作岗位奠定了良好的基础。

2.高校校园文化帮助青年学生掌握社会行为规范

大学生在走向社会、走向工作岗位之前,必须努力让自己学会特定角色的社会行为规范,只有这样,才能尽可能地缩短社会适应期。而要掌握特定角色的社会行为规范,就要真正地成为这个特定社会角色。校园文化开展了丰富多彩的校园文化活动,青年学生可以在其中演习如何适应社会,并且逐渐认同并实行该社会角色的行为规范和价值理念。在校园文化活动中,青年学生通过演绎不同的社会角色,逐渐积累各种不同的社会角色经验,对他们将来担当起正式的社会角色起着非常重要的作用。在校园文化活动中,学生可以认识自己可能的前景,并且设计自己所期望的人格特征。与此同时,青年学生彼此之间还可以进行相互监督和相互促进,这对于他们掌握社会行为规范方面有着极其重要的作用。

3.高校校园文化帮助青年学生把个性发展和时代使命联系起来

大学在培养学生创新精神的同时,还应当注重学生个性的发展,也就是要处理好学生的个性发展和社会责任的关系。青年学生在大学阶段其生理心理都有着自己的独特特点,大学这一阶段是青年学生成长的关键时期,是他们人生观和价值观确立并且稳定的关键阶段。高校校园文化的培养目标具有明确的指向性,使大学生能够按照社会的要求去认识和发展自己,能够更加理解将来所从事行业的社会意义,增强他们的社会责任感,在心理和行为上与所处的社会氛围达成一定程度的和谐平衡,更加清醒地认识历史使命和现实责任。青年学生能够把自身的个性发展与整个社会,所处的时代要求统一起来,这是多方面努力的结果,但毋庸置疑的是,校园文化在其中起到了不可磨灭的作用。

三、校园文化的育人途径

校园文化不仅是课堂教学的必要补充和延伸,而且是坚持用社会主义思想占领学校思想文化阵地的重要形式,从一定意义上说,校园文化对于学生素质的形成和提高,促进学生健康成长,具有潜移默化的作用。因此,大力加强校园文化建设,积极拓展校园文化建设的渠道和途径,充分发挥校园文化的育人功能,努力把学生培育成为"有理想、有道德、有文化、有纪律"的德智体美等全面发展的社会主义事业建设者和接班人,这是加强高校校园文化建设的根本出发点和落脚点。鉴于校园文化建设是一项系统工程,它的丰富内涵和鲜明特点,决定了其育人途径的多样性,从以往的实践经验来看,育人途径主要表现为以下四个方面。

(一)实践育人

参与实践是文化"育人"的最佳途径。大学校园文化的"育人"功能得以实现的关键一步,是大学生将"内化"了的先进思想"外化"为积极的行为,只有将"外化"实现,才真正达到"育人"的效果。参与社会实践是大学培养人才的重要环节,鼓励学生亲自参与实践活动,是实现文化"育人"的最佳途径。

1.参加大学校园内的实践活动

大学校园内的文化活动多姿多彩,如大学生艺术节、文化周、运动会、篮球赛、英语演讲赛等,学生根据自己的兴趣来参与活动,挖掘自己潜在的才华。参与校园内的文化活动,不仅能丰富学生的课余生活、提升学生的文化活动层次,更是大学生自我教育、自我成长的良好途径,能不断完善大学生的人格,有助于大学生正确价值观的形成,有利于文化育人产生实效,促进学生全面健康成长。

2.参加活动校园外的社会实践活动

大学生不仅要"读万卷书",更要"行万里路",走出校园参加社会实践可以认识社会、接触实际,通过直接参加生产劳动,可以锻炼实际操作能力和协作的能力,在实践中成长。例如,大学寒暑假的社会实践、"三下乡"等活动,为学生提供锻炼的机会,是学生了解社会的平台,能满足学生锻炼自我、提升自己的需求,帮助学生实现自我认可。志愿者服务活动是文化育人的重要途径,也是对大学生进行思想政治教育的新方式,是实现文化"育人"的有效载体,大学生志愿服务工作已成为文化育人工作中不可或缺的重要环节。

(二)优化校园物质文化环境

高校要创建形象美、寓意深的校园物质文化,就要善于发挥好管理者、教育者、学习者的积极性,并组织好、协调好学校各方面的力量。这是因为"美好的校园物质文化对人产生持久的、潜移默化的教育影响,引起人们思想感情、审美观念的变化,特别是师生自己动手美化的校园,更值得人们爱护与珍惜,这是教育中最微妙的要素之一"。

1.树立好校园标志物

校园标志物展示了高校的办学历史和办学理念,体现了师生文化观念和审美追求,是校园环境布局的核心,也是最能反映一所高校的人文关怀和科学精神。它的建设目的是增强师生对学校的归属感、认同感,大学在标志物创设的过程中,可以运用视觉设计的手段,通过特定的造型、色彩、内容等设计将学校的办学思想、精神理念、管理特色等融入其中,形成标志物的校园文化。

2.做好校园内部环境的规划

突出特色和美感是校园环境建设的基本要求,校园整体环境设计要力求与学校已有建筑的风格相一致,与校园的自然与人文特色相协调。对校园教学区、科研区及生活区等不同功能区域要进行统一规划设计。校园建筑群要根据师生具体的活动需要进行合理布局,体现鲜明的层次性和对人的满足,目的是形成不同校园主体、不同学科之间的互相交流与高效发展的和谐气氛。为便于大学师生的工作、学习和生活,各功能区域在保持适当距离的基础上,既要相对集中,又要避免相互干扰。例如,哈佛大学的庭院所展现的那样,参差交错的林荫,纵横交错的小路,穿行在其中的师生彼此会在小路上邂逅,来去匆匆于绿荫下,享受着校园风景乐趣的同时,也相互共享信息。校园内主干道的修建要充分考虑人流、车流量,既保证安全,又要避免给师生工作、生活带来不良影响。

(三)强化校园制度文化育人功能

制度文化是一种对师生生活工作和行为举止具有规范作用的文化,集中体现为学校的规章制度。校园制度文化不仅规定了学校全体师生员工在教学科研管理中应遵守的基本行为准则,在一定程度上也体现了一所学校的办学宗旨和办学特色。它能够通过一定的手段对校园人的思想进行引导,促进师生更好地发展进步。校园制度文化既体现了制度本身所具有的丰富的育人价值,也发挥着校园文化应有的育人功能。

1.注重制度文化的人本性

大学校园制度文化育人的关键是要加强学校各种制度的科学化和人性化,充分尊重大学师生的主体性和自主性,实现全员、全过程、全方位的育人目标,从而使制度文化有效地满足人的全面发展。树立"以人为本"的管理理念。"人本"管理要求学生管理的过程要富有弹性,而不是用硬性的规则去限制学生的个性发展,忽视学生对于实现自身发展的个性诉求。要坚信"大学生是能够独立自主地把握自己命运的人,他们应该获得学习的自主和自由,而不应完全听于规章制度"。因此,制度文化建设一方面要注重自身的权威性,做到校园主体的各项实践活动都有章可循,即树立"依法治校"的理念,保证学校管理运行的高效性。另一方面,也要突出对师生的人文关怀,维护师生自主、自由工作学习和生活实践的权利,促进师生的全面发展。

2.注重校园文化制度创新

发挥校园制度文化的育人作用,应该坚持校园制度体系的不断创新。任何制度文化都是不完美的,校园规章制度在调节和规范师生行为的实际运行中总表现出局限性和滞后性,使那些能够促进大学发展的制度,在不断变化的现实面前也会过时。高校制度文化必须坚持与时俱进,不断完善和创新。促进校园制度文化创新,要加强大学校园与社会的联系。这是因为校园文化是社会文化的重要组成部分,而且随着高等教育大众化的不断发展,大学越来越成为社会文化的中心。校园文化要继续保持对社会文化的引领,就不应脱离社会,而应当与社会保持接触,并以自己的实力和声望对重大而紧迫的社会问题、社会现象进行研究,从而对社会可能采取的行动与对策产生影响,同时获得与自身发展变革相关的信息以便对社会的变化作出及时的反应,在与社会其他文化的相互碰撞、相互影响中保持独立性、先进性和科学性。

(四)示范引领大学生行为规范

促进大学生成长成才是大学最直接、最根本的目标。当今的大学生群体普遍存在心智不够成熟、辨别是非能力较差的现实,其行为通常带有自发性特点,加之大学校园里的一些不端思想及失范行为,对大学生也造成了不良影响,这些都严重弱化了校园行为文化的育人功能。鉴于此,高校必须通过有效的示范引领,影响大学生思想和行为,以促成在校大学生的成长与进步。

1.注重发挥教师的示范作用

高校教师是校园文化最重要的行为主体之一,其行为直接体现了校园文化的育人功能。教师对学生的引导、榜样、示范作用影响着校园的行为文化,校园行为文化正是通过教师的言传身教、行为示范达到教育的"不为而成"。清华大学原校长梅贻琦除了著名的"大师论"外,在总结清华建校25年的进展时曾说:"师资为大学第一要素,吾人知之甚切,故亦图之至亟也。"大学教师的治学严谨态度、专业素质修养和高尚人格魅力都能够通过言传身教传递给学生,教师在传授知识的同时,他们的世界观、价值观、人生观也会深深地影响学生,对学生树立积极的人生理念和个性品质有重要的导向作用。发挥教师的示范作用,就要全面提高教师素质,加强教师师德建设。一个高素质的教师,除了具备广博的知识,更主要的是具备高尚的思想道德素质。在教育实践中,身教重于言教,精神面貌、道德品质和举止言谈都影响着学生的精神状态、道德观念和行为习惯。"学高为师、身正为范",教师的教书和育人相辅相成,对大学生的素质养成同等重要,而德育不仅是教师的工作任务,更应是所有教育工作者的自觉行为。

2.建设高校网络文化活动主阵地

网络主阵地是高校校园网络文化的有效载体,是对大学生进行思想政治教育的重要场所,也对文化育人起到了示范作用。高校网络阵地建设既要有主题网站建设,也要有思想教育、政治教育等"红色网站",学生社团、学生组织等"橙色网站",学生就业、学生服务等"绿色网站"建设。此外,针对大学生热衷于社会时政热点,及其好奇心和求知欲较强的特点,也要建设相应的满足大学生需求的网站。既可以是专题形式的网站,如学校重要举措工作网站等;也可以是综合性的网站,如校园论坛等。

第三节　校园文化育人的现状

一、当前高校校园文化环境下实现育人功能的现状分析

（一）校园文化积极表现

1.物质文化建设日渐完备

高校校园物质文化是一种物化的文化形态,是学校各项物质条件的总和,具体包括教学场所、生活场所、活动场所、教学设施等。它是有形的,看得见、摸得着的,是其他校园文化形态存在和发展的物质基础。同时,校园物质文化又是校园精神文化的载体,是富有丰富内涵的人文环境。在校园文化的育人活动中,物质文化建设不但是其顺利进行的前提和条件,而且是校园文化育人的重要途径和载体。校园物质文化建设状况的好坏一定程度上影响着整个校园文化育人的质量和水平。随着我国经济的快速发展,我国大多数高校,在物质环境上不断加大投入,逐渐摆脱了过去简陋的教育环境,有了一套符合自己的整体规划,合理构思、精心设计,使人与自然、建筑达到一种和谐交融的状态。

2.精神文化建设日渐完善

当前,我国校园精神文化的现状整体是好的。首先,大学里全体师生员工的思想观念、价值理念、行为准则、生活态度等多方面都无时无刻不受校园文化的熏陶和感染。校园精神文化是高校校园文化的重要组成部分,影响和熏陶着每一个校园人。校园精神不是一朝一夕形成的,是经过数代人的教育教学实践积淀而成的。它渗透在学校的各方各面,是所有校园人的精神动力。比如,学校的校训就充分体现了一所高校的校园精神,同时也体现了一所高校的办学特色。

当前,我国大多数高校都高度重视校园精神的塑造和培养。其次,高等院校和中等教育院校的重要区别就是高校的学术文化。高校的学术文化关系着一所高校的声誉,关系着高校的生存和发展。学术文化包含教学和科研两个方面,这两者对高校的发展是同等重要的,缺一不可。教学是对知识的传递,科研是知识的创新,都体现了高校的价值。最后,校园文化要通过学校开展多姿多彩的文体活动实现。广大校园人积极参与文体活动,能够满足其多方面的文化需求和精神需求。开展文体活动有利于激发广大师生的学习兴趣,培养他们良好的思想品德,帮助其塑造健康的人格。

3.制度文化建设日渐规范

一套合理规范的大学制度对一所高校的发展起着至关重要的作用。当前,我国大多数高校都意识到了这一点,不但重视多种多样的校园文化活动的开展,而且也非常重视学校的各项规章制度的建立,并且使之日趋完善。制度文化是一种深层次的文化,是为了满足人们更深层次的需要,也就是由人们的交往所产生的合理处理人与人、人与群体之间关系的需要。用规章制度规范学校的秩序,这样,有利于形成积极健康的校风、学风和教风,从而有利于学校办学目标的实现和学校长远的发展。有的高校甚至在规章制度的条文中凸显价值理念思想道德、素质要求等精神文化方面的条款,这样就赋予制度以人性,更加强调人的价值理念、理想追求及为人处世的准则。它把软文化和硬制度有机地结合起来,使精神要求和具体规定融为一体,铸造出刚柔相济的规章制度。全体师生员工在执行制度规范自己行为的同时,也能寻找自我,实现自我价值。我国很多高校,如清华大学、四川大学、上海交通大学、北京航空航天大学等都专门制定了校园制度文化的发展规划,并且将其列为校园长期发展战略,这样就从指导思想,主要内容和目标、实现路径等方面作了具体规定。

4.行为文化建设日渐成熟

校园行为文化集中反映了一所高校校风、学风教风、办学理念及大学精神等。当前,我国大多数高校都非常重视校园行为文化的建设,特别注重加强对高校全体成员的行为进行规范。同时,各大高校也积极开展多种校园文体活动来进一步加强学校行为准则及法律道德规范的宣传和教育力度,从而有助于使高校全体成员的校园行为规范化、法律化、道德化。当前,我国各大高校的行为文化总体上表现是好的,校风、学风、教风等也都是积极向上的。

5.社团文化日渐得到重视

高校的社团组织是该校的大学生在该校党委的领导下和团组织的引导下,以其共同的兴趣爱好和特长为基础,为了共同的奋斗目标和理想追求,经学校有关部门的同意,并且通过一定的程序建立起来的学生团体。高校的社团文化是青年学生社团在长期的实践活动中所积累的精神财富、文化氛围及活动载体等,是物质财富和精神财富的总和,它包含社团形象、价值理念、社团精神、社团活动及品牌文化产品等多个方面。社团文化是高校校园文化非常重要的载体,有利于丰富大学生的第二课堂、增长他们的知识、培养青年学生的实践活动能力、拓宽他们的视野。目前,因内高校的很多社团活动都得到了相关部门的认可和重视。随着高校的不断扩招,不同形式、不同种类的社团也相继建立,社团活动也越来越丰富,社团规模也越来越大,较之以前其活动形式也越加成熟。

6.网络文化日益得到强化

网络文化有着其独特的优势。近年来,我国大多数高校都非常重视网络文化的建设,各个高校的网络文化建设工作因此不断加强,很多高校一手抓建设,一手抓管理,建设和管理工作两不误,二者都得到了明显的进步。在网络文化的管理体制上,我国很多高校都已建立了相关部门分工协作的管理体制。一般情况下,在彼此相互配合的基础上,学校党委宣传部负责校园主网站的建设与维护、网上舆论的分析引导和信息监督监控等工作,同时还要对各个二级网站的内容进行监督监控、管理和引导。有的高校还建立了教务管理系统、研究生综合管理系统和校长信箱系统等,将与学校公共管理事务有关的内容集中放置于一个网络管理系统之中,形成一个人人都可以平等参与的互动网络平台。这样,有利于学校进行民主的、科学的管理。

(二)校园文化缺失表现

1.物质文化育人功能弱化

校园文化设施育人表现不足。高校招生数量和教育规模不断扩大,许多高校原有的校园文化设施无法继续满足师生学习和生活的要求,这不仅表现在校园文化设施数量上,更表现在校园文化设施满足师生要求的质量上。例如,当前高校各类社团活动已成为在校大学生锻炼自己、参与实践的重要形式,其文化活动也日益丰富,然而,活动场所及设施数量不足、空间有限、环境不佳、设备陈旧等问题,直接影响了校园文化活动的层次与质量,影响了校园文化设施育人功能的发挥。由于校内文化设施的缺乏,学生会、学生社团等学生组织在承办一些重大会议和活动时,出现了或临时搭建,或租赁场所等现象,这严重影响了学校和社团在展现自身风采、整体风貌时的效果,也影响了外界对学校、对社团的认知和评价。

2.精神文化育人功能弱化

人文精神育人功能尚未充分发挥作用。校园精神文化的内涵如果缺少人文精神,就会缺乏丰富性和生命力。人文精神是一所大学在不断地发展变化的过程中,经过长期的积淀形成的。它有着稳定的内涵形式,体现了学校对大学师生的价值和存在的关怀,也以其特殊的气质,影响着师生的价值观念、约束和规范着师生的行为方式。

当前，高校校园中存在着"唯科学至上"、功利主义等思想，过分重视技术技能、专业素质的教育，过分强调就业率，热衷于追求"短平快"式的实用主义。这种功利主义、实用主义蚕食了校园里的人文精神，阻碍了校园精神文化育人功能的发挥。因此，强化校园精神文化的育人功能，培养大学师生的人文精神至关重要。

精神文化育人存在形式主义倾向。校园精神文化反映了一所学校的特殊本质、个性及精神面貌，体现着学校的办学理念、培养目标及其独特风格。目前，部分高校的校园精神文化在外在形式上存在着同质化和雷同化的现象，包括办学理念、办学传统、校训、校风、学风、教风等的趋同，存在千校一面的现象。

3. 制度文化育人功能弱化

制度文化最直接的表现形式和载体就是高校的各种规章制度。合理有效的校园制度文化应该是全体师生员工共同努力的结果，它能够保证大学师生员工在良好的教学环境、科研环境、生活环境中不断完善自己。当前，在高校制度文化建设过程中存在的一些缺陷，弱化了校园制度文化的育人功能。

首先，师生员工民主参与意识不强，制度的制定与实施透明度不够。高校管理制度的制定多是由各级行政管理人员出于利益相关者的需求，自上而下制定的，很少、甚至不能体现广大师生员工的利益诉求，这就无法实现大学制度的广泛民主性、普遍性和透明度。其次，文化制度建设忽视"人性化"。在校园制度文化的建设中要体现人本管理的理念，校园制度是大学实现人才培养的手段，其最终追求是促进人的全面发展。但是部分高校的管理制度过于强调集中化、专业化的人才培养方式，忽视了人的个性发展。此外，高校更多地推崇"显性"规章制度，以强制性为手段，惩罚性规定的使用通常多于奖励性规定的使用，长此以往，导致整个校园失去活力，使师生处于精神紧张、人人自危的消极氛围中。这些不合理的制度管理形式及其所反映出来的校园文化"氛围",严重影响了制度文化育人功能的发挥。

(三)分析校园文化缺失原因

1.理念意识和整体规划薄弱

当前,一部分高校缺乏基本的校园文化育人理念,文化育人的理念意识相对薄弱,未能将高校校园文化的育人理念进行全局规划和战略定位。具体表现在以下3个方面。

(1)高校校园文化的育人机制更加功利

当前,我国的高等教育正走向一个大众化的阶段。这样,各个高校就要加大办学规模,尤其要加大其在物质文化建设方面的力度。因此,部分高校在除了开展正常的教育教学活动,大部分精力都用于做物质文化建设,甚至出现以物质环境建设的好坏来评价一所高校的发展效果好坏的现象。由于学校把大部分精力放在物质环境建设上,那么在体现学校特色的校园精神方面的理性思考就略显不足,出现失衡的现象。

(2)"以人为本"的理念未能落到实处

从本质上来讲,高校的育人就是要坚持以科学发展观的指导,以人为本,提高大学生的整体素质和综合能力。然而在现实中,一方面在计划经济体制下形成的一些过时的办学理念仍然在教育教学中产生不良影响;另一方面,由于高校的一部分教职员工对于校园文化建设的意义、校园文化建设的途径等方面的理解存在较大的分歧,导致出现了有文化活动无文化效果的现象。此外,师德教育的力度未能跟上高校的发展速度,因此,管理者的自身素质跟不上,未能形成全方位育人的教育环境,"以人为本"的理念未能真正落到实处。

(3)校园文化的育人方式和途径跟不上发展变化,不能与时俱进

当前,我国大多数高校的办学目标都十分明确,但一部分高校的

育人方式仍然沿袭传统教育方法,未能根据整个社会的发展变化、经济全球化的发展趋势来改革创新符合高校自身发展特点的育人机制。高校校园文化的育人机制体制还不够健全,有待提高和完善。

2.文化建设的投入度不够

当前,我国很多高校在校园文化建设方面还存在着投入力度不够的问题。尽管我国教育部已经明确提出,要加大高校校园文化建设的投入保障力度,但我国很多高校可能因为财政有限,在校园文化建设方面投入保障不足,这就致使很多校园文化活动的开展缺乏资金支持,从而使校园文化活动缺少深度、缺乏层次,很难达到文化育人的理想效果。为此,我国各个高校应该把校园文化建设的经费也纳入学校预算中,真正做到人力、财力、物力方面的投入,从而保证高校校园文化建设工作的顺利开展和进行,进而确保高校校园文化育人功能的预期效果。

3.缺乏创新意识

由于市场在配置资源的过程中本身就存在着一些弱点,我国市场的公平竞争机制也就存在某些不合理的地方,再加上当前我国高校尚缺乏一些较为充分的自主权,办学资源依然要靠政府这只"有形的手"进行宏观操控。因此,不免造成了很多高校的办学理念、办学模式趋同,缺乏创新,高校自身固有的特色缺失,未能认识到学校特色所带来的巨大影响力和价值所在。此外,很多高校的办学制度还有待完善,尤其一些大学未能树立很好的经营者意识,未能充分开发利用自身的校园文化环境,挖掘自身的优势所在,未能很好地将学校的精神财富等宝贵资源具体化和制度化。总之,当前我国部分高校的办学理念缺乏创新,办学制度还不够完善。[1]

---

①任一民.中职校园文化建设研究——以W市中职学校为案例[D].武汉:华中师范大学,2018.

二、校园文化内部管理体制改革

目前,高等教育的规模和发展环境发生了巨大变化,市场经济体制也要求高等教育体制与之相适应,如果还用停留在过去的"管理"理念来发展教育事业,显然已不适合了。现实情况要求高等教育管理向高等教育治理转变,推动中国特色现代高等教育治理体系和治理能力现代化。必须实现由微观管理向宏观管理、直接管理向间接管理、管理向服务的根本转变。为此,《中共中央关于全面深化改革若干重大问题的决定》对"深化教育领域综合改革"作出了重要部署,明确了"立德树人"的总体要求和改革举措,开启了高校治理体系和治理能力现代化的建设之路。高等学校的核心功能是人才培养功能,科学研究、服务社会和文化传承创新功能都是围绕人才培养功能展开深化和拓延的。这决定着高校深化内部管理体制改革必须围绕着人才培养的核心功能展开。

(一)以建设校园文化为中心深化内部管理体制改革的意义

"以建设校园文化为中心"深化内部管理体系改革既关系到高校决策权力的制度安排问题,也关系到高等学校"立德树人"任务的落实,更关系到提高高等学校治理体系和治理能力现代化,对于高等学校更好地实现人才培养、科学研究、服务社会和文化传承创新的功能,提高办学效益,增强大学的核心竞争力等方面具有重要的理论与现实意义。

(二)以建设校园文化为中心深化内部管理体制改革的途径

高等学校是培养人才、科学研究、社会服务和文化传承的高等教育机构,教师、学生以及学校的学术风格是高等学校生生不息的内生力量,高等学校只有坚持"以建设校园文化为中心"的理念深化内部管理体制改革,由内部生成管理体制和运行法则,才是最具特色、最有实效的内部管理体制。因此,坚持"以建设校园文化为中心"深化和完善高校内部治理结构,必须坚持和完善党委领导下的校长负责制,加快大学章程建设、加强学术组织和教职工及学生代表大会建设,健全高校自主权有效行使的自律机制。

第一,解放思想,更新观念,充分认识高等学校"以建设校园文化为中心"深化内部管理体系改革的重要意义。高等学校内部管理体制要适应新形势新要求,首要的问题是要解放思想更新观念,站在提高高校治理体系和治理能力现代化的战略高度和新起点上,以中国特色社会主义理论体系、党的十八大和十八届三中、四中全会精神为指导,紧紧围绕深化教育领域综合改革"立德树人"的根本要求,牢固树立以校园文化育人实效为中心深化内部管理体制改革的工作理念、把握以校园文化育人实效为中心深化内部管理体系改革的工作方向、理清以建设校园文化为中心深化内部管理体制改革的工作思路,用提高高校治理体系和治理能力现代化的新思维和改革创新谋略和举措,深化"以建设校园文化为中心"的高校内部管理体制改革,全面开创高校治理体系和治理能力现代化的新局面。

第二,坚持"以建设校园文化为中心"完善高校"党委领导、校长负责、教授治学、民主管理"治理结构,提高学校治理能力的"现代化"。党委领导下的校长负责制是中国共产党对国家举办的普通高等学校进行领导的根本制度,是高等学校坚持社会主义办学方向的重要保证。党委领导下的校长负责制是"一个不可分割的有机整体,必须坚持党委领导的核心地位,保证校长依法行使职权,建立健全党委统一领导、党政分工合作协调运行的工作机制",是新形势下完善高校"党委领导、校长负责、教授治学、民主管理"治理结构的根本依据和政策导向。"党委领导、校长负责、教授治学、民主管理"是大学区别于政府和企业等非学术机构的显著特色,也是区别于其他国家大学的中国元素。坚持党委领导下的校长负责制,必须以《关于坚持和完善普通高等学校党委领导下的校长负责制的实施意见》为指导,以人才培养为核心,坚持"以建设校园文化为中心"完善高校"党委领导、校长负责、教授治学、民主管理"治理结构,充分发挥学术组织的作用,拓宽师生参与民主管理的渠道,增强高校健康发展的内生动力,形成中国特色的高等学校"以建设校园文化为中心"的内部治理体系,全面提高高等学校治理能力的现代化水平。

第三,加强顶层设计,坚持"以建设校园文化为中心"完善现代大学管理制度体制。大学章程是大学内部治理的根本大法,不仅是高等学校依法自主管理、实现依法治校的必要条件,也是明确高等学校内外部权利义务关系,促进学校完善治理结构、科学发展、建设现代化大学制度的关键所在。大学章程是落实大学办学自主权的保障,不仅有利于推进大学自身依法办学,推进现代大学制度体系建设,形成科学的治理结构,而且有利于理顺高校内部管理运行的权力,形成自我发展、自我约束的机制,能够推进高校内部的管理与改革。大学章程建设是完善我国现代大学制度,深化高等教育综合改革的一项重要任务。因而,要构建以大学章程为龙头的制度体系,完善内部治理结构,就要紧扣和体现建立现代大学制度这一核心内容,一切从实际出发,总结国内成功做法,借鉴国外有益经验,坚持以人为本,以建设校园文化为中心,正确处理好党委和行政、行政权力与学术权力、学术组织之间的关系,按照加强顶层设计与摸着石头过河相结合的指导原则,凝聚中国元素,突出个性与特色,明确大学章程的未来指向,完善高校内部治理结构和现代大学制度体系,持续有序地推进依法治校建设。

第四,创新高校内部管理体制,全面提高学校的核心竞争力。高校办学转型是一个系统的创新工程,在转型过程中需要自觉地进行内部管理的组织创新和管理创新。创新高校内部管理体制要积极吸纳各方面参与,要推进大学信息公开、民主参与制度体系建设和民主管理。一是坚持以建设校园文化为中心,按照现代大学制度体系建设高校治理体系和治理能力现代化的要求,进一步明晰领导体制、治理结构、管理模式,突出依法治校、教授治学、民主管理和以人为本理念。二是推进"大部门制改革"、学院制改革,按照管理重心下移实行目标管理、规范权力运行的原则,明确学校学院的职能划分,形成教学单位自我管理、自我约束、自我激励的机制,使二级单位真正成为相对独立的办学实体。三是推进人事分配制度改革,以岗位设置管理为抓手,实施人员分类管理和岗位管理,创新人才工作体制机制,统筹做好各类人才队伍建设,开创人才辈出、人尽其才的新局面。四是推进科技管理体制改革,针对科技项目管理、科研平台管理、科研院所运行、科研成果转化管理、科技服务体制、产学研联合体等科技发展与创新方面出现的新问题,建立新的管理秩序,形成新的体制机制。五是推进考核评价机制改革,健全干部评价体系和聘用机制,改革教学科研人员的教学和科研业绩的评价体系和考核办法,完善学生学业考核测评体系,为学校转型发展创造各尽所能、尊重诉求、各得其所和共生共进的管理环境和良好氛围。

(三)内部体制改革是推进校园文化育人的根本手段

中共中央、国务院、教育部等部委先后制定的文件明确指出了大学校园文化建设的重要性,明确提出大学校园文化建设的总体要求和主要任务,对积极推进校园文化工作作了统一规定。依法治校是建设现代学校制度的根本保证,学校办学活动应当以育人为本,全面贯彻国家教育方针,依法执行国家课程方案和课程标准,注重教育教学效果。另外,制度体系建设是人才培养的导向,是推进教育宏观管理体制、办学体制和学校制度改革,明确学校管理目标,保障大学自主办学的保障。国家层面的制度为教育行政部门和大学校园文化建设,作出了宏观的政策指导,是发挥制度育人价值的保障。

大学校园文化中的制度因内含一定的价值理念,对个体的价值观念产生影响,个体在制度化的校园文化组织活动中获得价值统一性,从而达到制度对大学精神的整合功能。大学校园中的实践活动也需要制度的规范与调节,整合校园中的正能量,促使学校向着人们所期望的方向发展。从功能作用上看,显性的大学校园文化育人制度对学生发展具有重要的作用,其通过制度化形式外化于全体师生的日常行为,为制度文化的形成提供制度环境,使学生在校园环境中形成的行为习惯、价值观念和伦理思想与高校人才培养目标相一致。实践证明,校规、校纪、校训、校风浓厚的学校,学生从众心理较强,形成的群体力量对个人的思想、行为、作风的影响较大。

显性的校园文化育人制度重在以制度引导价值观念,重在对学校办学理念,人才培养目标,学校的校风学风、为人处世等方面的价值趋向提供有力的指引和保障。显性的大学校园文化制度强有力地影响着学生,使学生的全面发展与制度的终极目标相一致。同时,学生的成长、成才对制度体系建设有一定的推动作用。大学校园文化的制度育人既注重制度资源本身的育人、制度化过程中的育人,也关注制度文化生活方式育人。显性的大学校园文化育人制度因内含优秀的制度传统,内含育人的价值理念,从宏观上形成育人的大氛围。通过校园人对制度的认可和实施,隐性的大学校园文化的制度从微观上形成具体的育人格局。这样通过制度化的育人方式,制度育人实效将不断地被继承和巩固。

大学校园文化的制度育人最终要付诸实践,实践是其价值存在的基本要求。校园文化制度的文本形式不能仅仅停留在制度设计的表层形态,而要不断付诸实践,这样才能体现其深刻的育人内涵,否则将难以发挥育人功能。"制度化"就是先在小范围进行实践活动,通过评定后推广到更大范围,来影响更多人的实践活动。也可理解为将初期的制度观念规定化,被大多数群体认可并反映在自己的实践活动中。大学校园文化的制度本身在实践中进行、在实践中发展、在实践中育人。另外,参与主体在校园文化制度活动的实践过程中能发现问题,并制定与校园文化活动相适应的教育制度,将制度付诸实施,引导校园文化活动形成制度化的校园文化氛围,对参与其中的校园文化主体又起到感染作用,达到育人效果。大学校园文化的制度体系建设是实践的,是在社会历史过程中不断完善和发展的。社会历史性是实践的基本特征,大学校园文化的制度体系建设也具有社会历史性。当下校园文化制度体系建设应继承优秀的传统制度,在以往校园文化制度的基础上进行目的、内容、模式的变革,连接校园文化制度的过去和未来,制定与新的阶段人才培养相符的大学校园文化制度。

三、校园文化育人功能的思考

作为培养高层次人才的教育组织,各个高校间存在共性,与之相应的校园文化也具有一定的相似之处。然而,当前高校面临严峻的竞争。早在21世纪初,就有业内人士表示,我国高校将面临更加激烈的生源和师资竞争。面对着这一客观发展趋势,高校除了从师资队伍、人才培养、学校建设等方面提升学校整体层次,构建具有特色的校园文化不失为提升高校竞争力的有效途径。校园文化作为高校在长期发展过程中形成的历史积淀、人文品格和价值理念,它通过内在与外在的形式予以彰显,并最终服务于高校发展。

以哈尔滨工程大学为例,作为培养"船海核"领域专门人才的国防军工高校,哈尔滨工程大学始终坚持发扬军工优良传统和作风,始终坚持"国家利益至上、民族利益至上"宗旨,通过开展校园特色活动、营造特色校园文化育人氛围,结合学校实际,教育师生树立正确的世界观、人生观和价值观,形成了特色鲜明的军工校园文化。

(一)光大军工高校优良传统

通常意义上所说的军工院校,是指学校特色专业是为国防科技工业局服务的院校,比如,1999年国务院对高校管理体制进行调整后,将包括北京航空航天大学、北京理工大学、哈尔滨工业大学、哈尔滨工程大学、南京航空航天大学、南京理工大学、西北工业大学在内的7所高校列为国防科工委所属学校。2008年,随着国务院撤销国防科工委,成立国防科技工业局,以上高校也随之划归工业与信息化部管理。军工高校与教育部所属的其他高校一样,"坚持社会主义办学方向",目的都是培养德、智、体、美全面发展的社会主义建设者和接班人。军工院校因其独特的建校背景和发展历史,在发展过程中也形成了独特的军工院校传统,而特色校园文化的构建离不开与学校优良传统的结合。

（二）转变思想观念,加强军工校园文化建设

军工校园文化建设是一项长期的系统工程,军工校园文化根源于军营文化,同时受到社会上各种文化的侵蚀和影响。因此,加强军工校园文化建设不能完全按照主观想象去盲目创造,而必须在吸收历史的、现有的文化成果的前提条件下,对现有校园文化和社会主流文化加以融合、改造和创新。

1.要转变思想观念

加强军工校园文化建设,对学生进行爱国主义教育时应该做到教育内容实例化、透明化,让学生看得见、摸得着,简单可行。一是充分发挥各学科的主渠道作用,把爱国主义教育与各学科的每一堂课有机结合,经过长时间的积累,使学生受到深刻的爱国主义教育。二是把爱国主义教育融入日常活动当中,通过开展读书、看报、升国旗唱国歌等爱国主义教育活动,在军工校园中积极营造爱国主义文化气氛,在校园里,可以充分利用校园的环境展示出爱国主义英雄人物画像及事迹,可以为学生树立爱国主义模范。三是通过组织学生参观革命遗迹和革命纪念馆等的学习活动,培养他们的爱国情结,提升学生的爱国主义思想。

2.要方法灵活

目前,我国正处于社会转型时期,学生的价值观念急剧改变,现代的青年人自我意识较强。因此,我们必须注重宣传爱国主义教育的方法。要结合当今社会的特征,不断地改进我们的宣传方法,还要充实我们的宣传内容,并且从多方位、多角度,高层次、高品位地满足现代青年学生升华爱国主义情怀的需求。我们可以采取青年学生容易接受的方式,开展开放性和趣味性的爱国主义宣传。

3.要固化措施

要保证爱国主义教育有很强的执行力,教育方法要灵活的同时,行动上需要有"具体的、可执行的"措施。首先,我们需要制定科学化、制度化、规范化的爱国主义宣传的实施细节,强调爱国主义宣传的目的、内容、方式和奖励,有效地提高政工部门的宣传力度。其次,要树立爱国主义的榜样和典范,大力宣传杰出人物的爱国主义事迹,以其人其事鼓励学生。最后,政工部门要制定相应的责任制、考核制,对具有爱国主义、思想素质较高的学生给予肯定和奖励,对那些在爱国主义思想上存在着问题的学生,及时给予批评指正。要树立正确的思想。"保家卫国"是宪法赋予我军的神圣职责,也是军校学生爱国主义情操的本质体现。我们谋求在复杂多变的国际环境中做建设、求发展,但是我们必须面对一些敌对势力的挑衅。不管是国内的时事政治,还是国际的时事政治,都应该成为我们关注的焦点。作为一名军工科技人才,必须关心国内外的政治军事、经济热点,以保家卫国的思想贯穿于学习实践活动中的重点。并且学生要具有强烈的民族自尊心和自豪感,时刻想到保卫国家、保障人民的生活及财产安全,也是作为每个学生的应该做的事。

(三)培养国防科技创新人才

校园文化建设的主体是学生,这种文化建设营造的是一种和谐、自由、创造的学术氛围,倡导的是一种独立思考和独立创造的精神,开展的是勇于开拓、不断创新的实践活动,这些都为国防科技创新人才的产生和成长提供了丰富的营养和良好的外部环境。

1.提供引路导航

建设军工校园文化就要提倡学生坚持真理、追求真理,敢挑战传统、挑战未来,做到"吾爱吾师,吾更爱真理"。军工校园文化建设赋予学生坚强的意志、过人的胆略、独立的个性和丰富的情感。创新人才面对的是一个未知的世界,是前人所没有走过的路,他应当具备坚强的意志和胆略,具备向未知事物挑战、向高难领域探求的心理品质,不盲从传统观念和社会偏见,独立、大胆地提出新观点,敢于坚持真理,勇于承认错误。

2.提供物质基础

图书馆建设、校园网络建设、校园环境的美化等都为培养学生创造力提供了强大的物质保障。学校的图书馆、资料室具有丰富的藏书,在开阔眼界、获得知识、培养能力的过程中起着重要的作用。现代社会的信息量越来越大,传递的速度、更新的频率越来越快,而网络的建设为学生知识的更新和信息的交流提供了便捷的方式。面对不断变换的未知世界,学生的思维能力、应变能力得到发展,可以适应现代高科技战争的需要,适应现代国防科技工业发展对人才的需要。美丽的校园、良好的人文环境有利于大学生对知识的钻研和探讨,有利于军人文化素质的形成。因此,军工校园文化的有效物质载体的建设对培养学生的科技创新精神、创新能力不可或缺。

3.提供实践机会

一所学校有没有生机,学术思想活不活跃,学生具不具备创新意识、开拓进取的精神等,通常能在各类校园文化活动中体现出来。所以,学校开展融思想性、知识性,趣味性为一体的丰富多彩的军工校园文化活动,为学生最大限度地搭建了发现自我,认识自我、锻炼自我、创造自我的平台,促进广大学生丰富知识、开阔视野、勇于创新。大学生通过策划、设计、组织、实施、参与各类学术科技活动、军事竞赛活动、文化娱乐活动等,使竞争意识和进取精神得到培养,创新意识和创新能力得到提高,最终成长为国防科技工业进步、社会发展所需要的科技创新人才。

第五章　高校学生管理工作理念与模式

第一节　学生管理工作理念的实质与内涵

从人类历史进步的角度看问题,社会的存在是以人的存在为前提的,社会发展的动力来源于人创造历史的活动,社会发展的程度最终是通过人的发展程度来衡量的,社会发展进步的根本目的是实现人的发展。同时,人是社会赖以进步的第一重要的、起决定作用的因素,社会进步本质上是一个在改造客观世界的同时,不断改造人的状态、发展人的能力、提升人的价值的过程。

育人是学校教育的第一使命。大学最根本的职能和最核心的价值是培养人才、促进人的发展。大学的历史使命是人的核心塑造者,是主流价值观的传播者,是先进生活方式的倡导者,是人类精神交流的传递者。就大学的社会功能而言,大学应该服务于先进文化的传承、创造和弘扬,应该服务于人类社会的整体利益,应该服务于国家和民族事业的全面进步。

学生管理工作理应注重学生整体素质的提高,注重学生自由、充分、全面的发展。其基本目的是让受教育者尽可能深入、广泛、多样地了解人所处的世界,了解人自身所处的生存状态;终极目标是最大限度地挖掘自身的潜力,提高学生的综合素质,从而为人类社会的全面进步提供精神动力和智力支持。学生管理工作理念创新的主要内容包括以下九个方面。

一、转变思想观念,坚持育人为本的管理理念

人是手段与目的的统一体。这就要求既要把人当作目的,又要把人当作手段;既要尊重人、关心人,又要管理人、发展人;既要满足人的物质利益,又要符合人的精神需要。同时,人又是权利和义务的统一体。这就要求学生管理必须体现民主、平等的精神,在管理工作中公正地善待每一个学生,尊重和保护学生的权利,坚持做到有管有放、有宽有严,为学生的全面发展创造最佳条件。

育人为本,是人本思想在学生管理工作中的具体化,是科学发展观在高等教育领域的根本体现,是学生工作的根本出发点和落脚点。作为一种价值观,就是要以人为基础、以人为动力、以人为目的,强调唤醒人的自我意识,尊重人的主体地位;满足人的主体需要,尊重人的精神诉求;肯定人的自我价值,强调人的全面进步。作为一种工作方法,就是要坚持以学生的根本利益为出发点,既严格教育管理,又注重人文关怀;既严格纪律要求,又注重道德教化;既严格程序规范,又注重内容效果。作为一种思维方式,就是要转变思想观念,强化服务意识,坚持"一切为了学生、为了一切学生、为了学生一切",逐步实现民主交流、平等沟通、相互理解、和谐统一。①

二、贴近学生实际,坚持精细化的管理理念

所谓"精细化管理",就是将管理覆盖到每一个过程,控制到每一个环节,规范到每一个步骤,具体到每一个动作,落实到每一个人员。学生管理工作的一个显著特点是所管理事务的繁杂、琐细。因此,学生管理工作的核心就是"在'细'字上做文章,在'实'字上下功夫"。

在精细化管理中,关键要突出一个"细"。"细"有几层含义:一是

---

① 王瑛. 高校学生管理创新模式研究[M]. 长春:吉林大学出版社,2016.

规范。严格管理规章和工作程序,坚持制度面前人人平等。二是科学。善于运用现代管理方法和信息手段,积极探索和掌握学生管理工作的客观规律。三是到位。在学生管理过程中,每一个环节都必须考虑到,不能忽视微小的管理漏洞。四是明确。落实管理责任,将管理责任具体化、明晰化,要求管理的过程条理清楚、层次清晰。五是深入。把工作做得具体、做得扎实,追求一种精益求精的境界,使学校的管理水平迈上一个新的台阶。

三、整合各种资源,坚持系统化的管理理念

任何管理都是对系统的管理,没有系统,也就没有管理。系统化就是从整体上构建学生管理的系统模型和综合模块,把学生管理工作作为一个集学习机制、竞争机制、奖惩机制、决策机制、评估机制和反馈机制等于一体的动态过程。

学生管理工作是一项系统工程。它不仅是学生工作者的责任,也是全校教职员工的责任,必须高度重视、加强领导、通力合作、形成合力,始终坚持依靠广大教职工、学生政工干部和全体学生积极参与的全员管理。必须针对不同年级的不同特点和不同个体的不同特征,将学生管理工作贯穿于学生成长成才的全过程。它又是全方位的,涉及各个方面,必须始终坚持管理即服务的观念,把解决思想问题和解决实际问题相结合,为学生做实事、办好事、解难事;始终坚持教育管理的理念,努力提升学生管理工作的人文内涵,强化育人效果。

四、增强自律意识,坚持自主化的管理理念

所谓"自主化管理"是指在学生管理人员和专业教师的指导下,学生自我教育、自我管理、自我服务和自我发展的教育管理模式。其核心是关注人的发展,营造一种宽松和谐的民主气氛,调动学生的主动性、积极性和创造性,培养学生的创新精神和实践能力。

要充分发挥学生班团组织、社团组织和学生党支部的作用,丰富课余生活,拓宽知识面,增长才干,陶冶情操,培养特色鲜明的校园文化精神;要充分发挥学生干部和学生党员的先锋模范作用,让他们自觉地加入到学生的管理工作中来,成为重大问题的参与者、决策者,在参与管理的实践中尝试管理、学会管理、懂得管理;要充分发挥学生的主人翁精神,突出学生的教育主体意识,实现学生干部队伍自我管理制度化。

五、以培养学生创新精神为核心素质的管理理念

这是解决高校学生工作培养什么人的问题。随着知识经济信息社会的到来,创造力将成为社会经济进步的主要动力,成为关系市场竞争成败的决定性力量,那种"唯文凭、唯分数、唯专业"的传统人才观已不合时宜。教育工作的重点应放在提高受教育者的创造力方面,通过在教育过程中对创造力的发掘、训练、强化,激发受教育者的创造热情和创造才能,积极培养适应时代要求的创新人才。新世纪的人才应是能够适应新技术革命的挑战,能够参与全球性竞争与合作,能够主动适应、积极推进甚至引导一系列社会变革的创新人才。

六、突出主体,开发潜能、激发创造的管理理念

这是解决高校学生工作怎样培养人的问题。传统的学生工作通常是管而不导、堵而不疏,这种治标不治本、浮在面上的学生工作方法已不能适应现代大学生的成长成才需要和现代高等教育发展形势。新形势下的学生工作要突出学生的主体地位、尊重学生个性的张扬与优化。通过理想信念教育,为学生进行需要的自我选择和自我调整提供精神动力和行动指南,通过正面引导、反面惩戒来进行学生的需要诱导,通过动机激励、过程磨砺、利益驱动来进行学生的需要驱动等,激发创造学生内在成才动力,从道理上说服学生,让学生弄清是非、权衡利弊,从而使学生正确规范自身行为,正确选择调整

自身在学习、生活中的需求结构。而教育观念要打破统一思想、统一标准、统一布局的模式,适当地提倡拉开档次、铺开阶梯,允许有部分人先走上去,再扶另一部分人上来的育人阶梯原则。对广大青年学生,应当把他们当成能动地参加教育活动的主体,而不仅仅是教育的对象和受教育者,变以往的家长式、保姆式、传输式的教育为疏导、启发、自我教育为主的方式。

七、体现互动性、层次性、整合性的管理理念

这是解决高校学生工作体制的理念问题。高效的工作体制可以激发主体的工作热情、兴趣,使主体在工作中不断产生自我满足感和成就感,从而成为主体不断产生工作主动性、自觉性、创造性的不竭动力;也可使整个工作群体形成团队意识、协作精神。传统的高校学生工作体制存在一定的缺陷:一是体制重心的错位,造成协调、服务部门忙于应付具体事物性的工作,而无暇对整个学生工作进行协调与把握;二是体制基层的虚位,学生工作基层组织的积极性没有充分发挥出来,使整个学生工作活力欠缺,创造力不够;三是体制的整体创造力的空位,造成领导机构、协调部门、基层组织的脱节。

面对新世纪的高校学生工作必须要适应培养高素质创新人才的需求,进行体制理念的创新,其中应注意3个方面:体制的互动性,有利于上层和基层相互激发工作活力与创造力;体制的结构层次性,有利于工作环环相扣,层层递进;体制的整合性,有利于局部服务于整体,全局指导、协调局部,发挥整个体制的凝聚力和资源整合力。具体来说,就是要形成"上"有"决策层",总揽高校学生工作全局,把握带基础性、全局性、前瞻性的大问题,坚持社会主义办学方向和育人原则;"中"要有"协调层和监控层",对学校总体学生工作进行具体指导、协调和监控;"下"要有"责任层和落实层",充分发挥基层组织的积极性,实行工作重心的下移,推行目标管理、量化考核的评价制度,

建立竞争机制。这样整个工作网络就会形成一个动态的、灵活的、高效的"金字塔"型体系。高校学生工作是一个系统工程,它不仅仅是某个部门的职责所在,学校应树立"全员育人"的教育理念,形成"人人皆教育之人,处处皆教育之地"和"教学育人、科研育人、管理育人、服务育人"的工作大格局。

八、不断创新教育内容、服务内容的管理理念

这是解决高校学生工作具体工作内涵的理念问题。教育、管理、服务是学生工作的三大主题,但在新的时期这三大主题的结合方式以及它们三者自身的内涵就存在理念创新的问题。传统上不同程度地存在以管理为主的工作理念,而教育、服务功能被弱化、淡化,使工作一直停留在较低层次水平。面对新的形势:高校扩招、学生人数激增、学分制的推广,后勤社会化改革,学生的学习、生活的主要场所及方式都发生了很大变化等,传统的教育、管理已不合时宜,不符合青年学生的心理特征变化和他们的成长规律。高校学生工作要转变观念,逐步从管理型向教育型、服务型转变,转换工作职能。

(一)创新教育内涵理念

这是探讨学生工作教育的具体目标及教育方式等。教育是一个系统工程,不仅要加强对学生的文化知识教育,而且要切实加强对学生的思想政治教育、品德教育、纪律教育、法制教育等。要培养富有创新精神和实践能力的人才,对于高校学生工作的教育内涵来说,就是要进行以创新教育为核心、思想政治教育为基础的全面成才教育。而教育的方法主要是从说教式、传输式的教育向启发式、引导式、激发创造式的教育转变。因为教育本身的要义就是要把教育内容内化为学生的内在需求,变以往学生被动的接受为主动的需要。

(二)创新管理内涵理念

这是探讨学生工作管理目标及方法。高校学生工作要从传统的

以本本上的制度和手中的权力去管理的模式中走出来,注重"导向管理"。管理的内容要从点上的管理到整个层面的深层次管理;管理的对象要从个别管理到抓典型的管理;管理的依据要从校纪校规的管理上升到以法治校、民主治校的高度层次;管理的手段要变直接管理为主到以宏观和导向管理为主,变教师管理为主到以学生自主管理为主。总之,就是要从被动式、强迫式的管理变为主动式、民主式的管理,从管理为主的工作模式走向以教育、服务为主的工作模式。

(三)创新服务内涵理念

这是探讨学生工作服务目标及方法。高校学生工作要从管理型的工作模式走向教育型、服务型的工作模式,要为学生的成长成才创造各种有利条件,优化校园软硬环境,最大限度地激发学生全面成才的内在动力。服务的内容要把握学生在学习、生活中不同层次、不同方面的合理需要;服务方式要在引进社区管理方式的同时,实现服务最优质化、物质利益的最小化。学生不仅是受教育者,也是教育投资者和消费者,要为学生提供各种生活服务,改善生活环境,对学生社区进行物业化管理,健全社区功能,构筑集文化、休闲、娱乐、购物、健身为一体的文化社区;提供勤工助学服务,扩大勤工助学的网络与途径,帮助困难学生顺利完成学业;提供学习服务,指导学生考研、出国、创作发明等;提供就业服务,健全信息网络,加强政策、心理、技术各方面的指导等。

九、树立运用现代科技手段进行管理的现代理念

这是解决新形势下拓展工作领域的问题。网络技术的发展给传统的高校学生工作带来了新的挑战,同时也为学生工作提供了现代化手段,拓展了新的空间和途径。新形势下学生工作要转换教育观念,树立信息资源意识,主动超前介入网络教育平台,这是把握新时期高校学生工作制高点的有效途径。网络的交互性、虚拟性、平等性、开放性等特点使学生教育管理工作也呈现新的特点,如教育、管理方式的隐形化、个体化、咨询化和平等化等。学生工作进网络还是一个尚待深入研究的新课题,这不仅是学生工作某个方面或某个层次的创新问题,而且是互联网时代条件下高校学生工作的全面创新问题。其中,至少应把握3个要义:一是要找准学生工作进网络的立足点,用正确积极、健康、科学的思想文化信息占领网络阵地,提高学生"接受正确、有益的信息,抛弃错误、有害的信息"的能力;二是探究学生工作进网络的切入点,采取与大学生心理需求、生理特征及成长规律相适应的生动活泼、喜闻乐见的形式和内容;三是要把握学生工作进网络的融合点,"进"不是简单将学生工作的内容放在网上,也不是单一地把它作为技术性质的信息交换系统,而要从本质上实现学生工作与网络的融合,达到内容和形式、科技与人文的有机融合,充分发挥网络在学生工作运用中的服务功能、教化功能、引导功能和管理功能,趋利避害,规范网络道德,培养积极、健康、科学的网络文化。

第二节　学生管理工作创新的实现途径

一、加强高校学生工作者队伍建设,提高学生管理者的基本素养和理论水平

努力建立一支高效、精干、稳定、专业的学生工作者队伍,是做好学生管理工作的关键,是实现学生工作管理理念创新的根本。

学生工作者要培养和造就高素质人才,自身必须具备较高的政治思想素质、合理的知识结构和较强的能力素质,并有较完善的自我形象和人格力量。作为学生工作者,如果放松了学习,思想就会落后于形势。因此,学生工作者要突破以往的思维定式,适应时代和高校发展的要求,重新定位自己。只有这样,才能担当培养合格的社会主义建设者和接班人的重任,开创高校学生工作新局面。

面对社会意识形态的复杂化,学生的学习、心理和就业等压力的加大,学生工作者队伍的地位和作用变得越来越重要,社会对这支队伍的要求和期望值也越来越高。一所学校纵然要有许多学识渊博、造诣精深的教授、学者,要有许多先进的教学科研设备和优美的校园环境,但如果没有高素质的学生工作者加以管理和教育,也难以培养出高质量的创新型人才。高校学生工作者作为思想政治工作的主体,在高校思想政治工作中发挥着十分重要的作用。他们面对的是具有较高文化层次、思想活跃、反应敏捷、善于独立思考、敢于标新立异、涉及的知识领域越来越广的大学生。决不能再按老框框办事、不能静等观望,而必须从现状中跳出来,按新时期对大学生培养模式的要求发挥应有的作用。

学生工作者是学生思想政治上的向导,是学生学习上的督导,同时是人际关系上的协调者和生活上的关心者。学生工作者独特的人格魅力在学生中具有一定的示范作用。学生多数远离家乡、父母,缺少关怀照顾,他们需要有人关心,更需要交流、沟通。多数学生从心理上把学生工作者作为自己的知心朋友,学生工作者通常以师长、朋友的身份处处关心、体贴学生,为他们做好服务,使学生在润物细无声的关怀中愉快地学习、生活,健康成长和成才。因此,提高学生工作的素质是非常有必要的。

二、新时期高校学生工作者的基本素质和基本要求

一支品德良好、品行端正、作风优良的学生工作者队伍,其一言一行、一举一动,将会成为学生优良品德形成的表率和楷模。因此,学生工作者必须做到坚持真理、忠于职守、为人师表、以身作则、办事公正、任劳任怨。尤其要坚持树立敬业创业精神和艰苦奋斗精神,发扬革命的献身精神和奉献精神,用自己的实际行动去影响和促进学生进步和成长。除这种最基本的人格魅力之外,高校学生工作者要不断提高自身的思想素质、业务素质和政策水平。在当前思想观念、文化思潮多元化发展的趋势下,我们学生工作者必须转变观念,不断创新,应从以下四个方面着力提高自己的素质。

(一)要具备精深的思想理论素质和业务素质

通过自学、参加培训等形式,认真学习马列主义、毛泽东思想、邓小平理论、"三个代表"重要思想、科学发展观和习近平新时代中国特色社会主义思想,学习党的路线、方针和政策,学习高等教育理论与管理理论,了解高等教育改革的经验和做法,努力把握时代脉搏,提高工作的针对性和有效性。通过各种形式的理论学习和研讨,使自己从中汲取改进工作的智慧和动力,对环境的变化要有敏锐的触觉,要不断发现新情况、研究新问题,用富有前瞻性的眼光审视学生工作实践,用理论研究的最新成果指导学生工作实践。高校学生工作者只有具备了牢固的马克思主义世界观,才能在教学与教育工作中,帮助大学生确立正确的政治方向,从而促进大学生马克思主义世界观的形成。

学生工作者必须具有相应的文化水平和专业知识,才能接近大学生的共同的语言和心理特征。一支合格的学生工作者队伍,一方面既要求他们是学生工作的实践家,另一方面又要求他们是学生工作理论的研究专家。只有具备这种综合素质,才能博得学生的敬重和信任,更好地开展工作。学生工作者要不断更新知识内容,增加理论深度,扩大知识面,提高实际工作能力。他们本身的悟性、道德水准和政治素养直接关系到学生教育管理工作效果,要将学生教育管理与实施全面素质教育相结合,拓展和延伸学生工作的内容和空间,寻求学生工作者和学生整体素质相互促进、共同提高的结合点,实现两者的良性互动。

（二）要具备牢固的共产主义人生观

高校学生工作者只有具备了牢固的共产主义人生观，才能在教学与教育工作中，始终贯彻对大学生进行以辩证唯物主义和历史唯物主义的立场、观点和方法看待人生的教育。树立强烈的社会责任感和为人师表的爱岗、敬业精神，才能在教学与教育工作中自觉地把方便让给别人，把困难留给自己，以苦为乐，以苦为荣。要正确地面对竞争，在工作中要增强危机感、紧迫感和责任感，增强主动性、积极性和创造性，增强对荣誉、得失、风险、失败等的承受能力，始终保持清醒的头脑，做到胜不骄、败不馁，使自己的心态经常处于平衡状态。要敢于竞争、善于竞争，同时还要引导大学生树立积极的竞争观，并通过竞争培养大学生的顽强拼搏精神。

（三）要具备积极的创新教育观念

高校承担着培养和造就创新人才的重任，要通过创新的机制，保证教育内容、教育方法、教育载体、教育渠道上的创新，努力培养出广受社会欢迎的高素质创新人才。一要重视制度的创新。学生工作者要尽快转变传统角色，用规范的管理和高质量的服务影响学生，构建民主平等的师生关系，确立学生在教育和管理工作中的主体地位，逐步把学校教育管理工作重心向学生主体转移。要将教育、管理和服务功能相统一，强化服务理念，突出服务功能，更加自觉、主动、积极地为学生服务。针对新形势、新问题，研究制定一系列具有时代感，突出针对性、可操作性的新的规章制度，不断提高学生工作的科学化、制度化、规范化水平。二要注重教育内容的创新。学生工作是做人的工作，学生教育工作内容必须随着学生的思想变化而调整。对目前的大学生来说，他们已不再满足于传统的理念和模式，在实际教育中有时难以取得好的效果。可以借助易被学生接受的具有时代感的文化思想打动学生,但必须坚定不移地坚持弘扬主旋律,实现以科学的理论武装人、以正确的舆论引导人、以高尚的情操塑造人、以优秀的作品鼓舞人。三要不断探索教育方法的创新。要讲究工作方式方法的艺术性。必须树立"以人为本,学生至上"的观念。开展广泛的调查研究,切实解决学生中存在的苗头性、倾向性问题,并以自身的实际行动做良好校风的建设者、维护者。把解决思想认识问题与解决实际问题相结合,充分运用现代化的传播手段,达到应变及时、有效控制思想舆论阵地的目的。增强学生工作的吸引力、影响力、渗透力,及时调整工作角度、转变思维方式,增强学生工作的针对性、实效性。要创造良好的育人环境,营造积极健康向上的校园文化氛围,陶冶学生热爱集体、刻苦学习、团结互助、文明健康的情操,激发其爱国主义和献身社会主义事业的热情。要发挥学生团体和学生骨干的辐射作用,使之成为学生教育管理工作的重要载体。

(四)具备强烈的信息意识

高校学生工作者只有具备了强烈的信息意识,才能学会和善于收集信息和运用现代化的网络技术获取所需信息,根据信息判断、推理、筛选出有价值的信息,再对信息进行检索、分析、利用,从而为学生工作的决策提供依据。学生工作干部在提高自己的同时,要注意培养大学生开发信息、储存信息、处理信息和转化信息的能力。要认识到教学与教育过程就是一个双向信息交流的过程,正确认识和处理这种双向信息交流,并使信息交流渠道通畅,是完成教学、教育、管理任务和提高质量的重要条件。因此必须加大信息应用力度,把学生思想教育工作的领地推向网络前沿,将网络的宣传、教育功能有效地引入思想教育和管理领域。

总之,应从全方位入手,提高学生管理工作者的素质和水平。应健全学生工作者队伍培养机制,定期进行专业培训,给他们创造学习提高的机会,自觉把学生管理创新理念与学生管理工作实践相结合;从人员结构、职称待遇等方面入手,改善队伍结构,提高相关待遇,让学生工作人员把学生管理工作作为自己潜心研究的专业、立志从事的职业和乐于奉献的事业;健全考核、评估、激励、反馈机制,坚持实事求是、公正全面的考核原则,努力激发学生工作者队伍的积极性,增强他们的事业心和责任感。①

三、创新学生管理工作的方法

在全球化的背景下,传统的学生管理方法面临着严峻的挑战。随着学科的建设和发展,学生管理也应当形成自身科学的、实效的方法论。进行方法论的研究和创新已成为学科创新的当务之急。

目前,我国高校学生管理队伍中普遍存在着工作观念滞后、思路滞后、方法滞后、手段滞后等问题,跟不上时代发展的需要。学生工作人员要善于运用现代管理方法和信息手段,创造适合学生发展规律的、切合学生身心特点的工作方法,使学生工作更富感染力和实效性;要经常深入到学生的学习和生活之中,重点关注学生中的特殊群体,使学生工作更富有说服力和艺术性;要深入挖掘和树立青年学生中的先进典型,树立可亲、可信、可学的道德榜样,使学生工作更富有吸引力和生动性;要定期进行学生状况的调查分析,为政策制定和方法研究提供可靠依据和参考资料,及时总结新做法,推广新经验,使学生工作更富有影响力和创新性。

我国高等教育逐步步入国际化轨道,这就要求我国高等教育要按照国际化的标准去衡量办学水平,所培养的人才规格也必须向国际标准转变;信息化、网络化的加速,使西方文化大量涌入,不同程度地冲击着现代大学生的思想;高校扩招,学生人数激增,生源质量出现了不同程度的滑坡现象;高校体制改革,就业方式转换,学生的就

---

① 刘冬梅. 新时期高校学生管理工作探索与创新[M]. 济南:济南出版社,2018.

业压力加大;高校后勤社会化的步伐加快,传统的学生管理模式已不适应新形势的发展等。所有这些新情况、新问题都迫切要求高校学生工作要转换观念,探索新的工作机制,运用现代教育手段,进行全面创新。而思想是先导,要创新必先更新观念、转换思路,从传统的工作思维方式中解放出来、从不合时宜的教育观念中解放出来、从不切实际的"高、空、虚"的工作理念中解放出来。

首先,应借鉴相关学科的知识和经验,拓宽学生管理工作的研究视野。在继承党的思想政治工作优良传统的基础上,借鉴和吸收相关学科的研究成果和方法,是拓宽研究视野,深化理论认识,从而不断开创新形势下学生管理工作新局面的途径之一。比如,教育心理学理论在大学生管理中的运用:运用个性理论以提高学生管理的针对性、运用气质理论以增强学生管理的预见性、运用性格理论以增强学生管理的科学性、运用需要理论以增强学生管理的激励性和实效性。除此以外,还可以从社会学、伦理学、经济学、管理学等学科出发,从不同侧面对学生管理的意蕴进行剖析,深化对学生管理本质的认识。更值得关注的是,目前学生管理研究已不局限于社会科学的借鉴,而开始关注自然科学系统论或生态学视野下的学生管理,尽管这一探索还需要一定时间的实践来检验,但这种理论探索的精神还是值得我们拥有的。

其次,应注重以实证研究的方法检验学生管理理论的科学性。传统的学生管理研究方法主要是采用以思辨为基础的理论研究和逻辑研究。广泛地使用实证研究方法是对学生管理研究有益的补充。实证研究就是根据现有的材料进行统计、分析、实验,通过量化的精确的测试得出结论,其中包括编制调查问卷、量化模型数量分析、矩阵概率数学方法等,以客观真实地了解和反映大学生的思想现状与特点,坚持定性与定量方法相结合,真正实现学生管理决策的科学化。

第三节 学生管理模式创新的基本原则

一、以学生为中心，一切为了学生的原则

学生作为高校管理体制中的重要主体，既是学生管理工作的对象，又是高校学生管理工作的核心所在。因此，要树立以学生中心的思想，整个学生工作都要围绕学生来进行。要尊重每个学生，客观公正地评价学生，正确地看待差异，因材施教；要看到学生身上的闪光点，给学生以自尊、给学生以自信、给学生以希望的曙光。学生管理工作者要与学生真诚互动，要成为与学生建立积极友谊的人。学生管理工作者的角色是辅导者及协助者，学生管理工作者在学习情境中安排适合学习的气氛，以引导学生愉快接受。学生管理工作者个人的人格特质中，亲切与热心是较受学生喜爱的。学生即朋友，尊重学生自身的价值，相信学生的行为是内发的，相信每个学生都有自我发展和自我实现的潜能，相信每个学生都有适当处理自身问题的能力，努力建立情感型的师生关系，这将极大地促进学生管理工作的开展。

高校学生管理工作都需要依靠一整套规章制度来保证实施，规章制度一旦制定就应该全面执行。学生管理工作坚持以人为本的观念，就必须在制度设计初始贯彻人本化理念。随着我国社会经济文化的发展和教育体制改革的深入，我国原有的高校学生管理规定根据现实需要也做出了相应的修改和完善。2005年9月1日，教育部颁布施行的《普通高等学校学生管理规定》对原有的学生管理规定作了重大修改，突出地体现了以学生为本的思想。因此，高校学生规章制度设计也应顺乎学生身心发展规律。

手段和方法是制度的操作层面，好的制度还要靠良好的手段和方法执行,方能发挥出好的效果。学生管理手段有教育手段、激励手段和行政处分手段,管理手段选择以人为本。教育手段和激励手段是我们主要的管理方式,而处分手段则是前面两者的补充。

学生管理活动实际上是一个过程,人性化更多的是体现在管理过程中。在管理过程中,管理者与被管理者要有平等的交流沟通的渠道,保证给学生一个充分说话的权利,这是人性化的重要体现。在重大管理决定之前,要建立学生参与制度,尤其是重大处分之前,一定要为学生提供申诉的机会,这是一项重要的民主权利。在管理中一定要坚持公开、公正和公平,凡与学生相关的规章制度都要让学生知晓,凡与学生利益相关的事项都要实行公示制度。同时还要注意,在具体执行规定的过程中,也应处处体现以学生为本的理念,注意保护学生的自尊、隐私等。

在学生管理工作中,学生的主体地位应当得到充分的尊重。不应简单地把教育活动当作学生消极被动接受的过程,而应使学生积极主动地获取。在这一过程中,学生的主观能动性应得到最大限度的发挥。还应尊重学生的个性。学生之间是存在个体差异的,应当赋予学生更多的学习自主权,如选择专业的自由、选择教师的自由、选择学习方式的自由、选择毕业年限的自由等,为学生选择最适合自己的教育方式,充分发挥特长、张扬个性创造条件。高等教育的目的是培养德、智、体、美、劳等全面发展,具有创新精神和实践能力的社会主义事业建设者。因此,在高等教育过程中,要逐步改变以考试分数为唯一评价标准的做法,积极培养学生成为专业基础厚、实践能力强、人格健全、品德高尚的合格人才。

二、全方位贯彻以学生为本的管理原则

首先,积极实施全过程育人、全员育人模式。要在校园内积极倡导并逐步形成"教书育人、管理育人、服务育人",积极实践"全过程育人"。而这里所说的全员育人模式有两层含义：第一是指对学生的教育要动员全社会力量的积极参与，学校教育要与家庭教育、社会教育有机结合起来，使之形成一个有机整体，共同发挥作用；第二是指在学校内部要实现包括教师、学校管理者、后勤服务人员在内的全体教职员工积极参与的全员育人模式。向新的教育模式转变，是因为随着市场经济体制的建立和完善，我国的高等教育呈现出利益主体多元化、行为主体个别化的趋势，个人将获得更大限度的独立性和自主性，能够在更大的范围内选择个人的发展方向和途径。再加上高等教育作为非义务教育，实行教育成本分摊，学习者必须交费上学，这就使学校在市场上处于卖方地位，而学生处于买方地位，学校是教育产品的"提供者"，而学生是"消费者"。市场经济体制的建立改变了高等学校中学生所处的地位，这就为确立学生的主体地位、给学生以学习的自主性与独立性、确立以学生为中心的观念奠定了体制性基础。以学生为本、以学生为核心主体的教育理念，是把学生当作高等教育的消费者，把高等学校看成是为学生发展提供教育服务的机构的理念。这就要求学生教育在一定意义上把学生当作进入学校的消费者，是买方，而学校则是为他们提供服务的卖方。

其次，相信学生，实践学生的"自我管理"，依靠学生来推动高校学生管理工作。在传统教育体制中，学生在整个教育活动中处于被动遵从的地位。但是市场经济发展到今天，高校办学已经市场化，学校在市场处于卖方地位，而学生处于买方地位。学校是教育产品的提供者，而学生是消费者。评价学校办学好坏，最有发言权的应该是消费者，他们有自主选择产品的权利。如何提高自己的产品质量、最大限度地满足消费者的需求、在教育市场上立于不败之地，这是摆在高等学校面前紧迫而艰巨的问题，也是其应尽的义务。

一方面，高等学校要认识到自己的存在离不开学生，没有学生也就没有学校，学生无论在数量上还是重要性上都是学校的主体。另一方面,"育人"是高等学校教育的宗旨,大学生还需要教育和引导,外因必须通过内因才能发挥作用。学生工作者应努力引导学生从认识自身素质和个性特点出发,依据自己的长处和弱点,对照群体范围的尺度,进行整合和扬抑,力求在适应社会需求中弘扬自我、展示个性。从这一层面上说大学生又是教育和管理的客体。两者是辩证统一的关系。所以,学生管理工作"以学生为中心",一方面,要让学生成为管理的主体,从管理的决策、组织实施到目标实现,都要依靠学生,让学生充分参与进去。另一方面,要发挥管理的"育人"功能,本着管理就是服务的思想,开展的一切管理活动都是为了服务于学生的成才而进行。因此,学生工作者应尊重学生的合理要求,关心学生的成长需要,认真听取学生的意见,努力改正管理工作中存在的问题。

学生是教育活动的主体,他们自主学习的权利应当得到充分尊重和维护,他们作为教育活动主体的主观能动性应当得到充分发挥,他们的个性应当得到充分张扬,他们的学习潜力潜质应当得到充分挖掘。积极实践学生的"自我管理、自我教育、自我服务",不断培养、提高学生独立思考问题、分析问题、解决问题的能力。学生的"自我管理"实质上是一种民主的、开放的、人性化的管理,它更加有利于实现学生成才的目标。

围绕学生如何成才建立新的教育质量评估体系,以高校管理和服务是否满足学生的合理需要、学生能否在高校的服务中获得个性发展、学生能否获得充分发展的机会作为这一体系优劣的标准。

接受高等教育是学生自主的消费选择,而每个学生参与消费的目的和要求有可能是不相同的、是多元化的。那么,传统的以学生平均状况为基准,把每个学生按学习成绩相对表现划分为一二三等的单一质量评价体系就是缺乏针对性和不合时宜的。学生既然是高等教育的核心主体,一切有关高等教育的质量评价就应该以学生的选择是否获得应有的尊重、学生的消费需求是否得到满足作为标准。①

三、尊重学生的自我实现原则

从根本上讲，人本主义就是以人为本，而人本主义教育基于对人的"终极意义"的追求，对人的价值的关怀和自我理解的关心，它强调人的情感、审美和对无限与永恒的体验。人本主义注重学生的内心世界、主观世界的发展变化，深入挖掘主体的内在需要、情感、动机和主观愿望，从满足主体生存需要的角度来开发其学习的潜力。

学生的需要是多方位的，但传统教育，尤其是我国的应试教育，过分看重学生的学习成绩。这种学习几乎总是读、写、算的基本技能训练，而学生内心的感受、态度和表达能力、审美能力，以及处理人际关系的能力几乎很少涉及。人的发展的本质，是内在潜能在后天环境中的充分实现，"自我"或"自我实现"，是人类与生俱来的动力，并且是在个体成长过程中通过不断地与其所处的环境相互作用而逐渐形成的。一旦形成了"自我"，就意味着他将自己与所处的环境分离开来。由于在这一过程中始终伴随着外界的各种评价，包括积极的和消极的评价，所以，整个世界或社会就对这个人的成长产生了极大的影响。

学生是一个个独立自主的个体，学生的发展、成长应与他自己相比较，看自己是否比以前有进步。学生管理者在考虑到学生个体差异的同时，应依据一定的标准，给学生一个客观公正的评价，使学生正确地认识到自己的学习怎样、有没有达到自己预定的目标、今后应怎样努力，并掌握正确的自我评价方法，提高学习的自觉性，成为学习的主人。同时，教育目标既包括知识和认识能力的发展，也包括情感的发展，它是对整个人的教育。因此，学生管理者对有人格缺陷的学生进行教育时要注意情理结合，首先要分析导致其人格缺陷的原

---

① 李雪莲."以人为本"构建学生管理的新模式[J]. 劳动保障世界,2017(17):44-45.

因,对症下药,制订教育策略;其次要耐心细致地做思想工作,动之以情,晓之以理,听其言,观其行,逐步培养学生健全的人格。

面对现代社会的迅速发展,教育的目标应该是促进学生的发展,包括知识和认识能力的发展,培养能够适应变化和学会学习的个性充分发展的人。随着高校学生学习环境的转变、学习媒介的进步、交流手段的变革等客观变化,应提倡以学生的自由和全面发展为教育终极目的,提倡宽松、自由的学习环境,改变传统教育只能端坐课堂、让学生倍感枯燥和乏味的状况,以激发学生的学习兴趣,提高学习效果;教会学生"如何学习",使学生懂得利用先进的媒介获取知识,有利于学生的主动发现、主动探索,有利于学生发展联想思维和建立新旧知识之间的联系。

四、刚柔相济的管理原则

(一)刚性管理和柔性管理的特点分析

刚性管理是严格按照规章制度,并利用组织结构、责权分配来实现由支配到服从的管理。为了实施刚性管理,必须建立起一套系统、科学的管理制度,并附以严格的奖惩措施。这些规章制度在组织内部具有约束性和强制性,内部人员必须人人遵守,无论谁违反,无论什么原因违反,都无一例外地需要承担相应的责任,受到相应的处罚。刚性管理重"管"、重"权",从而达到管理的统一性。因此,刚性管理的优点在于保证工作秩序井然,个人行为规范统一,并且有利于对敏感问题与突发事件的处理。但是刚性管理也存在一定的弊端,它忽视了人的因素,一个组织管理的核心是人,每个人都有思想、有能力、有各种精神需求,不考虑这些特点,一味地利用权力和规章制度来约束和控制他们,将使人际关系紧张,不能很好地发挥他们的主动性和积极性,从而影响组织的发展后劲。

而柔性管理则强调"以人为中心",依据组织的共同价值观和文化精神氛围进行人格化管理。它是采用非强制性方式,产生一种潜在的说服力,从而把组织意志变为个人的自觉行动的管理模式。其最大的特点在于:不是依靠外力,而是依靠人性解放、权力平等、民主管理,从内心深处来激发每个人的内在潜力、主动性和创造精神,使他们能真正做到心情舒畅,不遗余力地为组织不断开拓创新,从而取得竞争优势的力量源泉。其特征主要包括:内在重于外在,心理重于生理,身教重于言教,肯定重于否定,激励重于控制,务实重于务虚。但是柔性管理也具有一定的局限性,因为柔性管理弹性大,变动性和灵活性很大,处理得不好有可能造成混乱;另外,由于主客观条件的限制,很可能很难满足组织人员无限上升的需要,这会影响柔性管理的实施。

可见,刚性管理与柔性管理各有千秋,这就要求管理者在管理中要把二者有机地结合起来,以实现其功能的互补,发挥出最大的管理功效。

管理是要营造一种氛围,只有符合被教育者自身特点的管理模式才能最大限度地调动被教育者的主动性和积极性,才能切实理顺管理工作中存在的各种问题。从目前高校学生的思想特征来考虑,传统的"以教师为中心",采用"保姆式""警察式""法官式"的刚性管理方式,会使学生"自我管理、自我服务"的自立性、创新性受到严重压抑,易出现抵触或逆反心理甚至消极心理而自暴自弃。但是如果只片面地强调采取非强制性的柔性管理,管理者对学生的违法违纪行为缺乏有效的制约手段,把握不好易导致管理秩序失去控制,具有极大的风险性;同时,柔性管理的实施客观上需要管理者投入大量的精力去了解、关心学生,满足学生的心理需要,营造和谐的心理氛围,从而最大限度地影响学生的思想、感情乃至行为,这在现实中较难做到。另外,柔性管理追求的那种依靠师生间高层次的"情"、自觉的"意"等非理性内在力量和"校园文化氛围"的无形制约,以激励为动力来实现"无为而治"的境界,需要学校管理者和全体师生较持久努力的建设和积淀才能形成,管理周期长,短期内不易取得实效。

(二)营造刚柔相济的高校学生管理工作氛围

建立合理适度的规章制度是实施"刚柔相济"管理模式的前提。通过各项规章制度的制定和实施,使用控制、监督、惩罚等强制性手段迫使学生以某种行为规范去完成学业是必要的,这是保证学生管理有章可循的基本条件,是维护校园秩序、保证教学质量等工作顺利进行的必要保障。但是规章制度的管理并不是万能的,控制和惩罚并不能使学生自觉和自愿朝着学校的目标前进,所以在规章制度的制定和实施上应该是柔性的。在规章制度的制定上,既要体现出对人的要求,又要尊重人和信任人,将管理制度提升到人性化的高度,用富有人文关怀的制度来管理人,使人在被管理中体会出温暖和帮助,也就可以排除学生的逆反心理。同时可通过学生干部"听证会"来完善制度,尽力做到"以人为本"。在处理手段上,应以"教育为主"为指导思想,当学生违反规章制度时,应突出"治病救人",通过"晓之以理、动之以情",让学生深刻地认识错误,避免照搬制度生硬处罚,要重在使学生提高认识,做到严而有格,严而有情,使之深切认识到管理者尊重信任、治病救人的良苦用心,从而真诚悔改。

在刚和柔的权衡方面,要侧重于"柔"。要积极研究大学生的心理特征,在关心学生、了解学生、诚待学生的基础上,做到理解学生和尊重学生,给予学生更多的个性发展空间。推行以充分授权为基础的自主管理模式,实施自主管理要求管理者给予学生充分的信任,相信他们有能力约束自己的行为、管理自身事务;管理者应通过充分授权,帮助学生开展多形式全方位的自主管理;管理工作者还要不断培养学生自主管理的能力和制订监控机制。此外,引导学生开展自我激励、自我服务、自我控制、自我检查、自我评价等工作,通过学生的自主管理,来充分调动他们的积极性和创造性,挖掘他们的潜能和自身价值,提高他们调节与控制自己思想和行为的自觉性,提高他们的综合素质。

柔性管理的氛围主要以营造校园文化氛围为主。校园文化是一所学校独特的风格或整体精神,是学校成员之间相互理解的产物,是联系和协调学校所有成员行为的纽带。优良的班级文化是校园文化的重要组成部分和基础。班级文化、校园文化建设重在班风、校风建设,主要是营造出一种团结、和谐、奉献、进取的文化氛围。集体舆论与人际关系构成学生工作柔性管理的客观氛围。集体舆论是学生意志的反映,要善于通过各种途径,使学生充分表达对班级事务管理的意见,这不但有利于推行各种管理措施,而且有利于发挥学生的主动性和创造力。

第四节　学生管理模式的法制化

一、高校学生管理模式法治化的必要性

(一)高校学生管理法治化是依法治国的重要组成部分

依法治国,建设社会主义法治国家,已成为加强社会主义民主和法制建设中的最强音。全面的依法治国应当将社会中各种关系纳入"法治"的范围,由"人治单元"组成的"法治社会"是不可想象的。同时,法治社会也必然对其构成因子产生此种客观要求,这两者存在互动关系。

在这样一个大背景下,学生与高校的关系发生了变化,过去我国高等学校运行的经费来自国家拨款,高校管理者的管理权是行政权力的一部分。虽然从宏观上讲,国家行政权来自人民的公意,但特定

到学生与学校的这一具体关系,则是一种纵向的服从与被服从的关系。但自1997年以后,普通高校全部实行并轨招生,学生自费就学、自主择业,学校收取费用、提供服务,学生与学校之间的关系转变为契约关系。管理者的管理活动不再是依据其作为管理者的身份,而是依据契约——与学生达成的契约以及学生之间达成的契约,这二者之间时有交叉。由此,高校学生管理工作中,学校更多的是以民事主体的身份出现的,当然也不排除其出于社会公益目的而为公法授权之行为,比如,依据《教育法》对学生学籍进行管理,依据《学位管理条例》授予学生学位,以及依据原国家教委《普通高等学校学生管理规定》行使相应的行政管理权,但其管理活动需纳入"法治"的轨道是毋庸置疑的。

可见,高校学生管理模式法治化是高校社会主义办学方向的自我要求。高校作为社区、社会生活的重要组成,作为科技、文化的辐射源,对于整个社会的法制化建设都具有重要影响。党把依法治国、建设社会主义法治国家确立为我国新时期党和国家重要的治国方针,这是政治体制改革的基本要求和主要任务。社会主义法制化国家的建立,不仅需要有完备的法律体系,更需要全体公民具有良好的法律意识和法律素质。高校培养的人才是未来我国经济和社会发展的重要力量,其法律意识、法制观念直接关系到他们在今后的社会生活中的行为方式是否符合法律规范的要求,关系到国家事业的成败。同时大学生作为有较高文化素质的人才,其言行举止对社会具有较强的影响和示范作用,通过对他们进行法律意识、法制观念的教育,运用法律手段来规范他们的学习、生活,促进他们素质的全面提高,使他们形成遵纪守法的习惯,有利于推进全社会的法制化进程。

(二)高校学生管理模式法治化是培养创新人才的必然要求

高校的管理环境是创新人才成长的土壤,强调公平效率与秩序的法治环境能为人的创造性的发挥提供保障。有人担心高校学生管理模式法治化会人为设置一些条条框框,不利于创造性的发挥。这是对法治的误解。为鼓励创新提供的最有效的保障就是在高校中建立公平竞争的环境,这样才能保障学生创新的积极性不受挫伤。学生通过自身努力得不到回报,或者发现那些没有通过努力而采取其他不正当方法的人也取得了和自己一样的效果,这都是对学生的积极性的极大伤害。因为高校是他们踏入社会的第一步,在高校获得的社会经验对以后的人生会产生莫大的影响。高校管理如不能从制度上保障学生的权利,让所有人在公平的环境下竞争,将会从根本上扼杀学生的创造力。因此可以说,实现高校培养创新人才的目标,必须依靠高校学生管理模式法治化。

(三)高校学生管理模式法治化是高校管理体制改革的内在要求

在市场经济体制下,高等学校已从计划体制下的纯公益性事业单位转变为既坚持公益性又有产业性的教育实体。学校作为独立的事业型法人,享有办学自主权。学生享有自主决定报考学校及专业类别缴费上学、接受高质量的服务和受教育的权利。学校与学生的行为受符合法律、法规的双方各自利益意愿的约定,即合同的调整。学生报到注册取得学籍即表明作出接受学校的教育、管理和服务,遵守学校的规章制度,缴费上学的承诺。学校接收学生入学表明,学校按要约提供优质的教育教学服务,使学生圆满完成学业。双方依合同约定享有权利和履行义务。如学生违反合同,不履行遵守校纪校规的义务,则学校按法律、法规规定及合同约定行使权力给学生以处分,学生承担违约责任。反之,学校不履行义务,构成违约,则学生行使权力,如请求权、申诉权甚至使用诉讼权维护自己的正当权益,学校应承担违约责任。随着高校内部管理体制改革的不断深入,高校后勤社会化的进程日趋加快,学校不再依据其作为管理者的身份,而是依据契约——与学生达成的契约对学生进行管理。社会化的后勤系统实行开放式的管理,要使大学生既能适应后勤服务社会化的管理,又要实现高校教育培养目标。实现学校管理与社会管理的接轨,就必须实现高校学生管理模式法治化。①

(四)高校学生管理模式法治化是改善和加强高校学生管理工作的现实要求

虽然我国高校开设了大学生思想道德修养和法律基础公共课,但是不少大学生对这门课并不重视,有些学生即便学了也是为了应付考试,最终学用分离、重学轻用,法律意识淡薄,不考虑自己的行为责任,更谈不上用法律来严格规范自己的行为。他们总认为自己还是学生,还不需要用正式社会成员的标准来要求自己,法律应对他们网开一面。因此在校园生活中,一些学生随心所欲,破坏公物、胁迫他人等违纪、违法行为时有发生。这些完全可以从《刑法》《民法》《治安管理处罚法》等法律条文中找到处理的依据,然而在实际处理中总是按校规来处理。而大学生们认为校内的制度是有弹性的,即使处理了,他们也只认为是违纪,而不认为是违法。这就混淆了法律和纪律的概念,影响了法律的尊严。甚至有的司法机关出于对大学生前途的考虑,在处理学生违法行为时就低不就高,就轻不就重,将违法作为违纪处理,这在某种程度上助长、放任了学生的违纪、违法行为。实现高校学生管理模式法治化,用法律法规来调整和规范大学生的行为,有利于提高学生管理工作的效率与质量。

同时,高校学生管理模式法治化也是加强高校思想政治工作的客观要求。随着改革开放的不断深入和发展,人们的经济、政治生活都发生了变化,学生主体意识和权利意识明显增强。受市场经济负效应的影响,社会上一些功利主义、享乐主义、实用主义、拜金主义等思想在高校大学生中也有所反映。大学生的行为越来越功利化、社

①盖晓芬.现代高等职业院校学生管理模式[M].杭州:浙江大学出版社,2010.

会化,在这样的情况下,单单依靠说教式、学生自律式的思想政治教育和管理的作用,显然是远远不够的,只有逐步实现高校学生管理模式法治化,以此作为思想政治教育的补充,才可能形成良好的育人机制。

二、高校学生管理模式法治化的紧迫性

从我国高等教育大的层面来看,法律规定的缺位、滞后与粗糙是高校学生管理模式法治化进程中亟待解决的问题。

在我国高等教育方面法律规定的缺位,最突出的表现是缺乏必要的纠纷解决机制,尤其是缺乏受处分学生对处分不服如何申诉的法律程序。例如,在对学校处分学生方面,虽然《普通高等学校学生管理规定》第六十四条有"对学生的处分要适当,处理结论要同本人见面,允许本人申辩、申诉和保留不同意见。对本人的申诉,学校有责任进行复查"的条文,但是直到目前为止,并没有任何法律、法规、规章对受处分的学生如何行使申诉权,包括申诉的机构、申诉的时效,以及有关机构答复的期限,对申诉答复不服的,被处分的学生应当如何申诉等种种问题作出规定。

我国的《教育法》与《高等教育法》分别于1995年与1999年施行,已有与时代脱节之嫌,由于这两部法律规定得都比较原则、笼统和抽象,在高校管理及司法实践中较少有实用性。对于与高校管理及与高校学生有着密切关系的《中华人民共和国学位条例》《高等学校学生行为准则》及《普通高等学校学生管理规定》则分别于1981年、2005年、2017年实施或进行了修订,它们之中自实施之日起至今最长的有近40年。近些年,我国高等教育取得了突飞猛进的发展,高等教育领域正在进行着一场深刻的革命。目前,我国的高等教育已经基本上完成了从"精英教育"向"大众教育"的转变;加之近些年社会经济、文化的迅速发展及人们观念的改变,我国高等教育正面临着前所未有的新的形势。这些当初由"政府推进型"立法所产生的法律法规本身就笼统、粗糙,它们在新形势面前已经显得"力不从心"。

以学位评定程序为例,按照《学位条例》及其《暂行实施办法》的规定,高等院校的毕业生想取得学位必须过两关:第一关是毕业论文须经院系答辩委员会通过;第二关是毕业论文经院系答辩委员会通过后,还必须要经校学位评定委员会评审通过。按照《学位条例》第十条第二款的规定,校学位评定委员会的任务是"负责审查学士学位获得者名单,负责对学位论文答辩委员会报请授予硕士学位或报请授予博士学位的决议,做出是否批准的决定。决定以不记名投票的方式进行。经全体成员过半数通过"。《学位条例暂行实施办法》第十条规定,学位评定委员会由9～25人组成,任期2～3年,还规定了其下可设置若干分委员会。因此,从以上的规定来看,高校的学位评定委员会组成人员并没有专业的限制,实践中其一般也是由各个不同专业的专家所组成的。因该《条例》及其《暂行实施办法》并未规定学位评定委员会的审查是实质审查还是程序性审查,遂导致在实践中经常会出现那种外行审查,甚至否决内行论文的极不严肃和不合理的现象。

三、法治的主要内涵和目标

把握法治的内涵首先要澄清两种模糊认识。其一"法治"不同于"法制"。从本身的含义来说,"法治"是指严格遵法、守法,依法办事的原则,而法制是指一定范围内的法律制度或法律上层建筑系统;法治是运用法律及其制度为基本手段和方法来治理,是法制的功能要求和动态过程,是包括法制在内的更大的系统。其二"法治"是指"依法"管理,即将法作为学生管理的最高权威,没有任何个人或利益集团可以凌驾于法之上,而不是"以法管理",不能将此仅仅作为学生管理的一种工具和手段,否则就会陷入法律工具主义的误区。

从某种意义上讲,法治实际上是对社会的权利、义务、权力、责任等进行合理分配的一种制度设计和安排。权力是法治的一个重要因素,具有极大的权威性,就必然会出现两方面的结果:一方面,权力的权威性会给人民和社会带来利益,它是法治所要建构的社会秩序产生的前提,也是法律真正得以实现的基础;另一方面,权力的权威性使之存在着对社会和他人潜在危害的可能,所以它也是法治所要制约的主要客体。权力的制度化、法律化,是使权力在运行过程中依照已由法律规定好的行为模式合法运行。

权力的制度化应包括的内容:一是保证权力具有极大的权威性,以实现权力的正当目的,这主要是指权力用以维持社会秩序与安全、保障自由和权利及实现社会发展目标。但制度化的权力只与特定的职位相联系而非人格化,而职位是对所有公民平等开放的,这有利于防止因权力的过分人格化而出现的利用权力谋取个人私利的腐败现象的出现。二是应确立保证权力分立的制度。权力过分集中在某个人或某个机关手中,一方面,由于缺乏权力内部的分工,而降低权力的效率;另一方面,更重要的是由于权力的过分集中,使权力间失去互相制约的可能,而产生更大的"任意"的可能。这种"任意"即使由好人来行使,也可以"使好人无法充分做好事,甚至会走向反面"。而且一旦由坏人来行使,过分集中的权力将极大地损害社会和公民的权利。在人治社会人们只能依赖圣君贤相,但法治合理的权力制度可以把权力的潜在危害性降到最低点。三是以权利作为权力的运行界限。早在18世纪孟德斯鸠就认为:一切有权力的人都容易滥用权力,这是万古不易的一条经验。有权力的人们使用权力只有在遇到权力界限时才有休止的可能。在法治下,应形成以制度化的权利制约权力的机制。基于这样的设计,权力的制度化包括以宪法、行政法、诉讼法等法律确定权力的产生、构成、限制、运行、保障、责任和监督制度。权力的制度化,使法律成为使权力合法化的唯一手段,通过法律可以准确地确定官方权力的范围和界限,从而有利于实现通过法律对权力的控制,以确保权力的行使符合正当的目的,防止出现权力的误用和滥用。

权利是法治的另一要素。以法律的形式对权利和自由进行合理分配是法治的目的。权利的制度化是指将社会中的权利要求转化为法定权利。现代社会起源于商品市场经济的发展,在这种经济条件下,社会关系主要体现为物质利益关系和平等交换关系,这就必然产生人们对利益和平等的权利要求。但是仅有权利要求是不足以保证权利的实现的,加之现代社会各种利益的冲突,人们的权利要求也各不相同,只有将这些权利要求通过立法者的选择和平衡,在具体的法律法规中将其制度化,才能确保权利真正受到保护和得以实现。权利的制度化具体表现在:一是有关权利主体的制度。主要指权利主体地位的规定,权利主体不仅包括公民、法人,还应包括政党和其他社会组织;具体权利义务的规定,如公民政治权利的规定,主要有选举权和被选举权,言论、出版、集会、结社、游行示威权,知情权和参与决策权;经济方面的权利,如所有权、劳动权、平等权、继承权、投资权等。但权利永远不可能是任意和无限的,权利行使的绝对化,必然会导致无视权力和他人权利,给社会造成灾难。因此,法律在将权利制度化的同时,也通过义务的设定,使权利主体在享有权利的同时也应承担义务。任何主体包括公民、法人、政党等权利主体对权利的滥用和对义务的漠视都应承担法律责任。二是有关权利实现的制度。将法定权利转化为实有权利,这才是法治所应追求的目标,在将权利要求转化为法定权利时,必须考虑到权利的经济、政治和法律保障制度化。三是权利救济制度。当合法权利受到非法侵害时,法律应提供有效、及时的法律救济方法,这主要表现在各种诉讼制度上。以保障公民基本权利的宪法和其他单行法规,以产权制度、法人制度和契约制度为核心的现代民商法,都在致力于实现权利的制度化。

完善可行的权力和权利制度是判定一个社会真正实现法治的最基本的制度准则。以此为出发点形成一系列的法律制度、规则、原则和概念，它们共同构成法治的制度标准。

实现学生管理的法治化，单纯仰仗完备的法制是不够的，而且要建立一个学生管理法治系统。这个系统应包括：法治的主体系统——民主系统，即校园内以民主形式组建的对学生管理工作具有决定性影响的组织；法治的思想观念系统——它是学生管理工作的主导系统；法治的教育系统——包括对管理人员的法治观念的培训以及对学生的法律教育系统；法制系统——包括调整学生管理活动的由国家制定的法律、法规以及学校自行制定的规章制度系统；法治的辅助系统——包括学校的学生处、保卫处以及校园文化心理、伦理道德等系统；法治的信息反馈系统和监督系统——前者包括国家和学校相关部门的内部反馈系统以及校刊、广播站等外部反馈系统，后者包括国家、政府的监督，校长、党委的领导监督，学生代表大会的监督以及民间社团、校内传媒等社会监督，还有来自学生的直接监督，二者时常是你中有我、我中有你。

四、如何实现高校学生管理模式的法治化

（一）加快高校学生管理工作法制化进程是实现学生管理模式法治化的前提和基础

推进管理法制化是纠正高校学生管理制度建设弊端、堵塞制度漏洞的有效手段。我国《高等教育法》第十一条规定高等学校应当面向社会，依法自主办学，实行民主管理。它明确了学校自主管理权的行使必须遵循法制原则。学校教育是对"人"的教育，对人的教育必须建立在尊重人的基础之上，而对人的尊重首先是对人权利的尊重。长期以来，教育道德化是我们一贯的教育理念。在教育过程中，权利的设置和运用通常只受道德标准的衡量与限制，而缺乏法律的规范。

但在依法治国的环境下学校与学生之间的关系已经不再是一种简单的管理者与被管理者之间的关系,而是一种对应的权利义务关系。因此,我们应当将教育关系作为一种法律关系来看待,应当将尊重受教育者的合法权益作为教育者的首要义务,在行使教育管理权时,首先考虑的不应当是如何"处置"受教育者,而应当是这样处置是否合法、是否会侵犯受教育者的权利,真正将受教育者作为一个平等的法律主体来对待。这才是我们需要的一种符合时代发展要求、体现现代法制意识的教育理念。

高校学生管理工作的法制化需要管理者法律意识的提高。高校管理者具有良好的法律意识是严格依法办事的重要前提,它可以促使管理者在依法行使自己管理职权的过程中,尊重和保护学生的法定权利,避免对学生的侵权。高校应该通过进行法学理论方面的专门化培训、敦促管理者自学等方式,培养管理者的法律意识,尤其是民主思想、平等观念、公正精神、法制理念等,从而自觉用法律法规来规范自己的言行,在管理工作中公正对待学生,尊重学生权利。同时,外聘一些专职司法工作者,组成学生法律援助组织和仲裁机构,并与司法部门建立联系,协同接受各类申诉,立案处理一些案件,形成法制化的育人环境。

随着高等教育事业的飞速发展,20年前制定的法规不可能完全符合现在的形势。加之新的法律法规不断出台,法律法规"打架"的事在高等教育领域也屡见不鲜。教育领域的法律法规如果不进行相应修改以适应社会的发展,一旦学生告学校,学校自认为合理的事可能也会败诉。因此,有几点需要优先解决。

首先,教育配套立法严重滞后。以实施《高等教育法》的配套立法为例,《高等教育法》在一些条款中留有授权性的规定,如"按照国家有关规定""依法"等,但是在实施中这些"国家有关规定",行为所依之"法"的制定并没有及时跟上,导致实践中行为主体因没有统一、明确、具体的实体性和程序性规范而各行其是。其次,现有规范漏洞较多。现有规范的用语不够严谨,对已有的法律、法规、规章及规范性文件的清理和修订不及时,明显的法律漏洞和缺陷得不到及时的清理和修补。以《学位条例》为例,自制定数十年来,我国高等教育特别是研究生教育发生了深刻而巨大的变化,而《学位条例》却未能根据客观形势的变化而作相应的必要的修改、补充和完善,因而管理中出现的一些问题不能得到及时规范或纠正。如很多学校制定的内部规定中有诸如"研究生在读期间必须在核心刊物上发表两篇以上论文的才允许答辩"等,有些条款的漏洞、用语的模糊与不确定在实践中日益显现,这在"刘燕文案"中也有体现。再次,由于行政管理的需要,不具有立法权限的机关,尤其是地方教育行政主管部门制定有大量的规范性文件。虽然这些规范性文件在教育行政管理中必不可少,但是与法律、法规和规章相抵触的现象较为普遍。

要彻底解决这些问题,最好的方式是由最高权力机关——全国人民代表大会或其常委会以法律的形式加以规定,制定统一的《学生法》《学位法》《教师法》《高校教师聘任办法》等,明确高校的处分权必须在法律、行政法规、地方性法规和规章的范围内进行,高校不能自行设定处分的条件、范围、种类。国家法律对高校处分权特别是高校自治规章的监督应当采取预防性的监督方式,在高校自治规章生效之前,事先审查其是否违法。在高校处分权领域,国家监督应当通过对高校自治规章的核准许可制度进行。

与此同时,还应加强高等教育法律理论的研究,加快高等教育立法和及时清理不适应时代要求的高等教育管理类法律、法规的步伐,解决目前我国高等教育无法可依和法律、法规严重落后于时代发展要求的现状。可喜的是,有关部门已经注意到教育管理类法律、法规、规章滞后于时代要求的问题并正着手予以解决。如《中华人民共和国民办教育促进法》已出台,该法的出台使我国民办高等教育长期以来无法可依的历史已宣告结束。

（二）建立正当的管理程序是实现高校学生管理模式法治化的关键所在

在具体的管理行为中,实现法治化的重中之重在于程序,实现了程序的法制也就实现了管理行为的法治化。这就要求,在处分学生时要及时将处分意见送达本人,确保学生的知情权不受侵犯;建立听证制度,充分保证学生的知情权;建立申诉机制使学生有一个为自己辩护的机会;建立司法救济机制,保障学生的合法权益。

正当程序原则可以追溯到英国普通法传统中的"自然正义"原则。正当程序的基本要求是:任何人不能作为自己案件的裁判者,纠纷由独立第三人裁决;作出影响相关人权利义务的决定,特别是对当事人不利的决定时,必须听取利害当事人的意见,给予其陈述、申辩、对质的机会;纠纷的裁断过程中不可偏听偏信,不得单方接触;一切都必须予以公开,保证公正和透明度。

我国法律中并没有关于"正当程序"的条文规定,正当程序只是作为行政法的原则和理念存在。《中华人民共和国行政处罚法》规定的简易程序、一般程序和听证程序,也不适用于高校学生管理和纪律处分。但是从司法实践来看,田永诉北京科技大学案实际上已经确立了正当程序的原则。法院的判决书中指出:"按退学处理,涉及被处理者的受教育权利,从充分保障当事人权益的原则出发,作出处理决定的单位应当将处理决定直接向被处理者本人宣布、送达,允许被处理者本人提出申辩意见。北京科技大学没有照此办理,忽视当事人的申辩权利,这样的行政处理不具有合法性。"法院在没有任何法律规定的情况下,根据正当程序的要求认定学校程序违法,从而创造性地运用了"正当程序原则"。此后,刘燕文诉北京大学案也应用了正当程序的理念。一审法院的判决认为,"校学位委员会在做出不批准授予刘燕文博士学位之前,未听取刘燕文的申辩意见","做出决定后,也未将决定向刘燕文实际送达",即法院认为高校的处理决定存在程序上的瑕疵。也正是因为法院对高校学生管理行为的司法审查,使高校不得不在学生管理过程中考虑程序的正当性,从而引起教育界和学术界对于高校学生管理过程中正当程序的关注。可以说,司法审查是高校在学生管理过程中适用正当程序的最大推动力。

从保障学生权利和维护学生尊严的角度来看,正当程序有利于保障学生的权利,特别是涉及学生的基本权利时更是如此。高校学生管理过程中的正当程序是对学生权利保障的基本要求,没有正当程序,受教育者在学校中的"机会均等"就难以实现,其"请求权""选择权""知情权"就难以得到保障和维护。另外,如果仅仅从工具性价值来理解正当程序的话,那就贬低了正当程序的价值。程序不能只是达成实体正义的手段,程序具有自身独立的价值。正当程序的内在价值有两个方面:一是对人作为人应当具有的尊严的承认和尊重,即尊重个人尊严;二是正当程序包含了"最低限度公正"的基本理念,即某些程序的因素在一个法律过程中是基本的、不可缺少的,否则,人们会因此感到程序是不公正的、不可接受的。在很长的一段时期内,高校和学生的关系具有强烈的特别权力关系的色彩,学生只是消极的被管理者,高校与学生之间的地位是不平等的。在这种情况下,正当程序是没有必要存在的。随着我国实施依法治国方略,全面推进依法治校,高校学生管理必须法治化。民主法治的发展和人权保障的要求,将特别权力关系纳入司法审查的范围,既符合正当程序原则,也成为限制特别权力的基本原则之一。因此,在高校学生管理过程中引入正当程序,是对学生人格尊严的尊重。

在我国,高校学生管理中正当程序的适用范围应大于司法审查的范围,即属于司法审查之外的高校管理行为也应该适用正当程序。有学者认为,学校对学生所做的管理行为中,可以起诉的事项主要有:违反法律的规定,侵害或限制学生宪法上基本权利的行为;足以改变学生身份的处分或决定(如录取、勒令退学、开除等);对学生权益影响重大的其他处分(如不予核发毕业证、学位证的行为严重影响学生的权益,与学生的就业、发展息息相关)。为了实现维持学校正常的教学目的的功能,学生对学校的日常作息管理行为,一般纪律处分行为,涉及学生的品行考核、成绩评定、论文评定等高度人性化判断的行为一般不得提起诉讼。当然,勒令退学、开除学籍、不颁发毕业证,不授予学位等行为较一般的纪律处分要严重得多,对学生的影响也大得多,但是决不能以影响结果小为由而随意为之,因此,一般的纪律处分也应该适用正当程序。

(三)建立科学的学生管理评价体系和多元化的学生权益救济机制

高校对学生的规范约束,主要依据是法律标准。特别是在学生处分问题上,道德品质评价不能作为处分学生的依据。在对学生进行处分时,要就事论事、事实清楚、程序正当、依据明确、定性准确。在此问题上,我们要改变既往惯常对问题学生进行处分的教育管理模式,发挥思想政治工作的优势,在处分前要注重对学生思想和行为规范不良倾向的引导和疏导,在处分中要加强对学生的思想教育,调动学生主体的自我教育功能,引导学生强化个人和社会责任感,处分后要做好后续的管理和服务,给予学生更多的人性化关怀。通过把思想教育"软件"与刚性管理"硬件"密切结合,营造良好的育人环境。另外,一直以来衡量高校学生管理工作好坏的重要标准是管理效率的高低,对公平、正义的维护则显得不够。确立科学的学生管理评价体系就是不仅要实现"管住人",还要"管好人",以德服人、以理服人,维护学生的正当合法权益。

学校对学生的严重处分,不是对学生宪法上受教育权的剥夺,而仅仅是对该学生在一个特定教育机构接受教育过程的终止,不涉及学生宪法权利的保障。因此,在构建不服处分的救济制度上,不需要考虑宪法上的救济即宪法诉讼或其他违宪审查方式的问题,但是要考虑高校对学生的管理,在很大程度上具有行政管理的味道,法律、法规、规章对高校行政处分权的行使规定了严格的条件。行政处分的法定性特征,具有对行政处分实施普通法律上救济的条件。就高等学校行政处分纠纷案件而言,行政诉讼和包括教育行政复议、学生申诉制度、教育仲裁制度、调解制度等在内的非诉讼机制都是学生可以利用的权益救济方式。建立多元化的学生权益救济机制,既是以法治校的重要体现,又是避免学校陷入司法审查陷阱的必要手段。

第六章　高校学生管理工作制度与管理体制

第一节　高校学生管理制度

在我国古代,制度是法令、礼俗的总称。现在,制度通常是指关于整个社会组织或某一事项的整套的行动准则。

管理这种职能活动,是伴随着人类社会有组织活动的出现而产生的。凡有人群活动的地方,为了有序而又有效地组织生产、学习、工作和生活,必须制定出能够调整人们相互关系的行为规范或行动的准则,这既是管理的需要,又是管理职能的具体体现。高校学生思想政治教育和管理制度,是高校学生的行为规范。因此,建立一套系统而完整的高校学生思想政治教育和管理制度是十分必要的。

一、建立高校学生教育和管理制度的意义

我国高校的规章制度,是党的优良传统和社会主义道德观念、行为观念、行为规范(即国家法规)、是非标准等在高校学生日常工作、学习和生活等方面的具体体现。它是全体学生必须遵守的行为准则;是培养自觉的纪律性,培养共产主义道德品质和形成良好校风的重要手段;是实行科学管理,办好社会主义大学的重要保证。所以建立高校学生思想政治教育和管理制度,对办好社会主义大学具有特别重要的意义。

（一）有助于充分发挥学生的积极性

社会主义大学肩负着培养社会主义事业的建设者和接班人的历史重任。为了完成这一光荣使命，就必须建立起符合大学教育工作客观规律、符合现代管理原理，充分体现党的优良传统、社会主义道德观念和行为规范的系统的高校学生思想政治教育和管理制度，使每个大学生都懂得应当做什么、不应当做什么，应该怎样做、不应该怎样做。这样，就能把全校学生的积极性发挥出来，形成一种远比个人力量总和大得多的集体力量，办好社会主义大学。

（二）有助于建立正常的学习、工作和生活秩序

现在的大学，少则上千人，多则上万人，而且是一个多层次、多学科、多系统、多结构的复杂的综合体。高校学生工作专职人员要把每个成员的智慧和力量最优化地组合起来，就必须在加强政治思想工作的基础上，建立起一整套的规章制度，使学生有规可循、有矩可蹈，做到学习、工作和生活井然有序。国家教育主管部门对高校学生管理非常重视，在1983年颁布的《普通全日制高等学校学生学籍管理办法》的基础上进一步修订，于1990年又重新颁布了《普通高等学校学生管理规定》并于2016年作了最新修订，内容更加广泛、要求更加严格，为各高校制订实施细则提供了明确的指导。

（三）有助于培养学生高尚的道德品质，形成良好的学风

党中央曾多次郑重指出："我们在建设高度的物质文明的同时，一定要努力建设高度的精神文明。"社会主义的精神文明是社会主义的重要特征，是社会主义制度优越性的重要表现。思想建设决定着精神文明的性质。因此，培养学生具有马克思主义的世界观，共产主义的理想、信念和道德，有为人民服务的献身精神和共产主义劳动态度等，也就是在建设社会主义精神文明。高校学生的管理制度对培养学生高尚的道德品质和良好的学习、工作及生活习惯，无疑是意义

重大的。高校学生思想政治教育和管理制度一经制定,就要求每个学生严格执行、反复践行、日积月累、相沿成习。只有这样,才能培养同学们高尚的道德品质,帮助他们形成优良的学风。我国有许多重点大学,都以校风好而闻名,这是与有一套符合教育规律的、切实可行的规章制度紧密联系在一起的。①

二、建立高校学生教育和管理制度的基本要求

(一)政策性

政策性是指高校学生思想政治教育和管理制度必须同党的路线、方针政策和体现党的路线、方针、政策的国家的法律、法令、条例决议、指示、规章、规程,尤其是党和国家的教育方针保持高度一致,而不能有丝毫背离。

党的路线、方针、政策和国家的法律、法令、条例、决议、指示、规章、规程等,是一个国家总的行为规范,是指导全局的,是制定高校学生思想政治教育和管理制度的依据,高校学生思想政治教育和管理制度则是党的路线、方针政策和国家法律在高校学生日常学习、工作和生活诸方面的具体化。局部必须服从全局,否则,就会迷失方向。

(二)整体性

按照现代管理学观点,国家是一个系统,教育是属于国家的子系统,学校是隶属于教育的子系统,学校各部门是隶属于学校的子系统。系统是有组织、有层次的,各组成部分都是为了一个共同目标而形成的有机整体。高校学生工作专职人员必须树立全局观点,正确处理局部与全局的关系,正确处理学生的学习和课外活动的关系,团组织与学生会工作之间的关系等。在处理各种关系时,必须使整个系统处于协调状态,才能发挥整体的最佳功能,达到教育管理的最佳效果。

①张冠鹏.高校学生管理制度研究[M].长春:吉林人民出版社,2016.

（三）民主性

民主性是指高校学生思想政治教育和管理制度必须符合广大同学的根本利益,并获得广大同学的积极拥护和支持。我国是社会主义国家,人民是国家和社会的主人,党和国家的一切政策、法令都是以符合广大人民群众的根本利益、获得广大人民群众的积极拥护和支持为最高标准的。一切损害人民群众根本利益的政策、法令或行为,必将遭到人民群众的坚决抵制和反对,失去立足点。

学生是管理的对象,又是管理的主体,在制定规章制度时,必须从群众中来,到群众中去,广泛听取意见,做到集思广益,紧紧依靠广大同学把教育和管理工作做好。

（四）科学性

科学性是指高校学生思想政治教育和管理制度必须符合高等教育的客观规律。任何领域都有其自身的规律,高校学生思想政治教育和管理也不例外,诸如教育和管理必须与学生的年龄相适应的规律,思想政治教育中知、情、意、行活动过程的规律等。一定要认识和严格遵守这些客观规律,才能实行科学管理,充分调动各方面的积极性。同时,还要善于借鉴现代科学管理理论,不断总结高校思想政治教育和管理经验,把行之有效的传统管理经验与现代管理理论有机地结合起来,才能不断提高科学管理水平。

（五）教育性

教育性是指高校学生思想政治教育和管理制度必须对学生起到教育作用,即能培养学生社会主义道德观念行为规范、思想品质和严谨、务实、开拓、进取的工作作风。这样,同学们既有章可循,又有进取的目标,充分发挥了规章制度本身的教育和激励作用。但是必须指出,在规章制度制定和实施过程中,必须坚持政治思想工作领先的原则,把启迪、疏导作为一条主线贯穿规章制度执行的全过程中,这样,规章制度的教育性才能充分显示出来。如果忽视启迪、疏导等思想政治工作,规章制度就会流于形式,或成为束缚学生手脚的框框。

(六)严肃性

严肃性是指高校学生思想政治教育和管理制度必须做到令行禁止、奖罚分明,对任何人也不例外,使同学的行为得到规范。在建立高校学生思想政治教育和管理制度时,凡应规范的都要规范,凡是规范了的,各级学生组织和个人必须严格执行,不能朝令夕改,随心所欲。在执行过程中,严格按制度办,不能时宽时严、时紧时松,坚决维护其严肃性。此外,要注意凡属将来才能规范的或者要创造条件才能规范的,就一定要留待将来或条件具备了的时候再规范。只有这样,才能使制度有相对的持续性。

(七)可操作性

可操作性是指高校学生思想政治教育和管理制度尽可能做到量化,制定出符合教育、管理实际的科学指标,并用分值表现出来。这样,不仅能使全体同学在实施的过程中做到心中有数,自觉约束自己,在检查处理时也能避免主观随意性。如1990年国家教委颁布的《普通高等学校学生管理规定》第二十九条第一款规定,学生"一学期或连同各学期考试成绩有3门主要课程或4门以上(含4门)课程不及格者,应予退学"。像这样的规定,明确具体,在作处理时,既容易掌握标准,又不易出现差错。

上述基本要求,既有各自的独立性,又相互紧密地联系在一起。只有严格遵照这些基本要求而制定的规章制度,才是经得起实践检验而又有强大约束力和教育意义的法规。

第二节　大学生行政管理体制

建立一套完整的大学生行政管理工作体制是做好大学生管理工作的重要保证。

高校的整个行政管理体制是一个大的系统工程,而学生行政管理体制,只是整个系统工程中的一部分,或称为一个子系统。它的历史和现状、机构设置和权限划分、今后的发展趋势等,过去研究甚少。今天,为了使整个学生行政管理工作能跟上形势的发展,适应实际工作的需要,我们有必要对学生行政管理工作体制作初步的分析,以加强体制的建设,逐步提高学生行政管理工作的水平。

一、高校学生行政管理工作体制的历史与现状

(一)高校学生行政管理工作的内涵

为了正确认识学生行政管理工作体制的历史与现状,首先有必要正确地了解学生行政管理工作体制的内涵是什么。简单地说,体制包含机构设置与权限划分两方面的内容。学生行政管理体制,主要体现在学生行政管理工作的机构设置与权限划分两个方面。

在高校,学生行政管理工作是学生工作的一个重要部分,而学生行政管理工作又可分为学生的教学管理、学籍管理、生活后勤管理、治安管理、课外生活和校园秩序管理等。因此,我们所讲的体制,不仅体现这些工作职能的权限划分,还应考虑为完成这些职能而建立的机构。所以围绕着对学生从大学到毕业的在校阶段的管理,围绕着对大学生学习、生活行为规范而设置的机构与职能权限的科学划分,就是学生行政管理工作体制内涵的反映。

（二）学生行政管理工作体制的历史回顾

在1965年以前，高校基本上实行"一长制"，即高校的管理制度，包括学生行政管理制度，原则上与当时企业的"三级一长"管理制度雷同，学校是由校级、系级、年级（班级）三级组成，"一长"由校长、系主任、年级主任（班主任）在各级发挥管理职能。后虽几经反复，但在组织机构的设置上，基本上无重大变化。组织机构的基本形式是采取"直线职能参谋组织形式"。

当时，校级行政管理机构中，无独立的学生行政管理部门，每个行政处均兼有管理教职工和学生的行政职能。如学生的教学管理，由教务处负责；学生的生活管理，由后勤系统的总务处负责；负责学校招生、毕业生分配的，各校又不尽相同，有的学校招生由招生办公室负责，有的由教务处承担；学生毕业分配，有的学校由教务处负责，有的学校由人事处承担；其他的学籍管理内容，包括奖励与处分，由教务处的学生科负责。

系级的学生行政管理机构，主要由系办公室负责履行行政管理职能。年级（班级）无专门行政管理机构，主要由政治辅导员充当学校中最基层的行政管理机构的代表。他们融党政于一体，集教育管理于一身，构成了学校最基层的学生行政管理机构。当然也有的学校在班级里配备了教务员，负责学生中的教学行政管理工作。当时高校虽无专门独立的学生行政管理体制，但已具有的各级机构兼管学生行政管理工作，承担各种职能权限，形成了适合当时需要的学生行政管理体制。

（三）现行学生行政管理工作体制的几种模式

随着教育事业的发展，学生行政管理工作的体制不断完善。"文革"结束后，高考招生制度的恢复、高等教育事业的不断发展使高校的规模得到了扩大，高校的领导体制，包括学生行政管理工作体制也发生了变化。从高校学生行政管理体制的变化看,可归纳为四种模式。

1.学生行政管理工作机构呈散在模式

学生行政管理工作,由学校各部、处及有关机构各司其职,行使行政管理的职能。这一模式,在校级、系级、年级(班级)三级组织机构设置方面,沿袭历史上的"直线职能参谋组织形式",一般来说,未增设新的行政管理机构。但在职能和权限划分方面,分权化的组织管理制度强化,促使整个行政管理工作能有规律有节奏地顺利运转。

2.学生行政管理工作机构呈专兼模式

学校建立了学生处,成为学生行政管理工作的主体处之一,而其他各有关部处,兼任有关学生行政管理职能,整个学生行政管理工作呈现专兼结合、齐抓共管的局面。

这一模式,在校级建立了专门的、独立的学生行政管理机构——学生处。系级学生行政机构设置各校情况不一,有的学校在系部设立了学生办公室,专门负责学生行政管理工作,有的学校系部行政机构设置维持原状。在年级(班级)基层组织一级仍由辅导员(或班主任)负责管理,少数学校在年级设立了学生办公室。

目前,全国有许多高校采用这一模式,在校级设立了学生处。但在学生处的职能和权限划分方面却不尽相同,大体上有三种情况。

第一种情况:学生处不仅负责学籍管理的全部行政工作,还作为职能部门负责奖励与处分,配合有关部门负责课外活动、校园秩序的行政管理,并承担每年招生工作与毕业生就业相关工作。

第二种情况:学生处负责学籍管理中的大部分内容,还负责每年的毕业生就业相关工作,而招生工作则由招生办公室承担。有关学生的教学管理,如成绩考核与记载工作、升级与留降级工作等由教务处负责。其他的权限划分同第一种。

第三种情况:学生处除负责与第二种情况相似的职能外,还负责学生部分的生活后勤工作,如宿舍管理等。

3.学生行政管理工作机构呈复合模式

学校在校级建立了学生部和学生处,部处合一,实行"一套班子、两种性质"的工作模式,成为学生行政管理和思想政治教育的主体。

这一模式,有的大学在系部设立了学生办公室,主管学生行政管理工作和思想政治教育工作,有的大学视情况设立了学生年级办公室,负责本年级学生行政管理和思想政治教育工作。

4.学生行政管理工作机构呈超部、处模式

学校建立了学生工作指导委员会或学生工作领导小组,委员会下设实体性的机构——学生工作办公室,办公室兼有协调、指挥各部处执行学生行政管理的职能和思想教育的职能。而各部、处在学生工作办公室的指导下,照常履行原来承担有关行政管理工作的职能与权限。系与年级组织机构无重大变化。

上述各种模式,有两个共同的特点:一是管理机构的组织形式均采取"直线职能参谋组织形式",二是分权管理形式增强。

二、目前高校学生行政管理体制几种模式的特点

目前高校学生行政管理体制,虽各种模式机构设置不尽一致、权限划分各有差异,但每种模式各有特点。

(一)学生行政管理工作机构的散在模式

这一类型的高校,多数是在校学生数不太多,校领导有较多精力关心学生工作,各级学生行政管理机构干部配备较强,所以,它沿袭历史上我国高校学生行政管理工作体制,有如下特点。

1.采取"直线职能参谋组织形式"

这一模式中,校长是唯一的行政负责人,有全面的领导和指挥权,对一切工作都负有全面的责任。各职能部门按照校长的要求,在业务上负有指导下属部门的权力和责任。各级组织在行政上相对独立,可充分发挥主动性。这样既保持了统一领导,避免了多头指挥,又充分发挥了各职能部门的积极性和主动性。

2.分权管理制度加强

在新形势下,为了适应改革开放的要求,学校将有关行政管理权限下放,如学生行政处分权,记过以下的处分由系部执行;如学生的奖学金额,部分的单项活动或班、系活动奖励及补助,系部有权决定,这有利于调动各级组织的积极性,促进行政管理工作的运转。

3.兼容一体,易于协调

这一模式无新机构设立,许多相关的相互交叉、相互渗透的工作,依然处于一个处室,如学生生活管理处于总务处,学生学籍管理的许多工作处于教务处,便于配合,易于协调。

(二)学生行政管理工作机构的专兼模式

这是从散在模式发展而来的,因此,它们之间特别在权限划分上有许多相似之处。由于在校级建立了学生处,在较大的系级建立了学生办公室,所以学校中出现了学生行政管理体系,同时,也明显地反映出以下特点。

1.学生工作统筹安排,全面协调能力增强

专管学生工作的主干处——学生处对学生行政管理工作及有关学生工作情况负有全面关心、通盘考虑、及时汇总、向上报告及建议的责任,并能在校长领导下,对各行政部门工作出现矛盾、问题时及时参与协调。

2.有利于队伍素质提高,稳定性增强

由于专管学生行政管理工作体系出现,使学生行政管理工作机构、人员稳定性增强,方针政策、规定的连续性加强,使工作方法的创新、理论研究的开展、工作经验的积累、管理人员的业务素质趋于上升势态。

3.学生行政管理工作的应变能力增强

在新的形势下,学生行政管理工作不仅要有正确性、规范性,还应讲究时效性。建立了专管学生行政管理的工作的体系,就能有一批长期专门从事学生管理的工作人员,能较正确地掌握党的方针政策,全面了解学生情况,遇事能及时向领导提供各种情况和选择方案,以利领导准确决断。

(三)学生行政管理工作机构的复合模式

它由专兼模式进一步发展而来。由于学生处和学生工作部实现了两块牌子一套班子,因而它有一个明显的特点,即在组织机构上实现了学生思想政治教育和学生行政管理的结合,改变了长期以来行政管理和思想教育相分离的"两张皮"状况,使对学生的言和行、想与做的教育统一在一个部门,使学生的学籍管理、课外活动、校园秩序奖励和处分等学生管理主要内容的执行,基本上是由学生处与学生工作部作为一个职能部门来承担。

(四)学生行政管理工作机构的超部、处模式

它既同散在模式相似,又同复合模式相近,它唯一的特点是兼指挥和执行于一身。由于它有居于部、处之上的职能部门——学生办公室,所以既可以指挥行政部、处,又能协调各种关系与矛盾;既能够抓行政管理工作,又能抓思想教育工作。[1]

三、学生行政管理体制发展趋势的展望

学生行政管理工作的成效,取决于两点,一是领导和干部队伍,二是管理体制。当前我们有一批较长时间从事学生工作的同志,他们有能力、有水平、有积极性与创造性,虽然管理体制不够完善,但凭借这批骨干的创造性和努力,高校的学生管理工作是有很大成绩的。

---

[1] 雒铭静.高校学生管理工作面临的挑战、困境和出路微探[J].魅力中国,2019(32):225.

随着社会的发展和新形势下对高校学生管理工作的要求,还需要改进工作、完善政策、健全体制。

建立一个学生管理工作的体制,究竟应选择哪种具体模式才是最佳选择? 我们认为它应是由这个学校的历史与现状、领导与干部队伍的素质和结构、教师与职工的思想水平与觉悟、学校的任务和条件等形成的综合因素决定的。只有当一个具体模式适合这个学校的情况,并能创造出最优成绩时,才是最佳的选择。

从学校学生管理体制发展的趋势来分析,应考虑两个问题。一是是否需要建立专门的学生行政管理体制,二是是否需要实行学生行政管理工作与学生思想政治工作相结合的管理体制。对这两个原则问题的回答是肯定的,这也是今后加强学生行政管理体制的两个原则问题。因为,第一,人的思想和行动是不能割裂的,人的行动受思想的支配,而思想又需要实践的检验。要规范人的言行,首先要抓思想教育;要了解一个人的思想,必须先了解他的行动。所以对学生的思想和实际,言论和行动的教育、管理,只有真正地从组织上、思想上结合起来开展工作,才能改变"两张皮"的现象,才能取得工作的最佳效果。第二,学生行政管理工作,是培养学生成为德、智、体全面发展的社会主义建设者和接班人的一项重要工作。它对在校学生的学习、生活、行为起着正确的规范作用。它不仅需要一支具有一定理论水平和一定实践经验的稳定的干部队伍,还必须逐步建立一套专门的行政管理体制。否则难以适应当前形势下学生管理工作的要求。第三,在当前国际国内政治形势下,高校对于青年学生不仅负有培养的任务,而且还面临着争夺的斗争。所以只有加强学生行政管理工作和学生思想政治工作的结合,只有建立一支专门的学生管理工作队伍和建立一套专门的学生行政管理工作的体制,才能培养出共产主义信念坚定、坚持社会主义方向的合格人才。

第三节　我国高校学生管理体制发展历程

一、中华人民共和国成立后的高校学生管理体制

中华人民共和国成立后,我国高校的学生管理体制经历了一个发展变化的过程。中华人民共和国成立初期至20世纪60年代初,是我国高校学生管理体制的初创时期。这一阶段的学生管理制度体制集中在学籍管理制度的建设上。"文革"时期,我国高校学生管理体制遭到严重破坏。

1977年恢复高考制度后,为了适应新的高等教育目标,贯彻德、智、体全面发展的教育方针,培养坚持社会主义又红又专道路、具有专业知识的人才,各高校相继在20世纪70年代末至20世纪80年代初设置了专门机构学生工作部来负责学生思想政治工作。

20世纪80年代以后,随着高校招生规模的扩大和管理规范化的要求,一些新的学生行政事务工作应运而生。各高校在不断加强学生思想政治工作的同时,部分高校成立了学生工作处,负责学生行政管理工作,主要包括:指导和管理辅导员工作;组织学生进行学年鉴定、毕业鉴定;评选优秀学生;执行奖学金制度,对违反校纪校规的学生进行处理及负责毕业生就业工作等。

20世纪80年代末,多数高校对学生管理体制进行了重新调整,将原学生工作部与学生工作处合并,成立了学生工作部(处),实现了二元结构向一元结构的转变,实行"一套人马、两块牌子",承担学校学生行政管理和思想政治教育的职能。院(系)设立学生工作办公室,一般由党总支副书记和辅导员组成,由党总支副书记分管学生工作,各院(系)学工办接受学生工作部(处)的业务领导,从体制上实现了学生思想政治教育和行政管理的有机结合。

20世纪90年代,随着招生就业制度改革,学生交费上学,毕业时双向选择,自主择业,这就要求建立合理的学生助学体系和毕业生自主择业体系,学生管理工作的职能进一步由管好管住,向服务、引导转变,为此各高校分别成立了独立的或不独立的毕业生就业指导中心、勤工助学中心、心理咨询中心等。

随着我国高等教育改革的进一步深化,各高校办学的自主权有所扩大,各高校在学生管理的体制及内容上做了许多有益的实践探索。有的高校将招生划归到学生工作处;有的将学生宿舍管理划归到学生工作处,而后又划归到其他部门;有的高校成立了学生工作指导委员会;有的高校对学生工作管理部门实行"合署"办公等,目前高校学生管理工作面临的新情况越来越多、内容越来越丰富、地位越来越重要,作用也越来越大,学生管理工作日益成为高校管理工作的重要内容之一。[①]

二、新时期的高校学生管理体制创新

目前,全国各高校学生管理工作体制除少数院校采取一级管理体制外,大多数院校学生管理普遍采用校、院(系)二级管理体制,随着学校规模的不断扩大,也有一部分高校学生管理体制由校、院(系)二级管理向校、院、系三级管理体制过渡。针对这种情况,我们认为,采取何种管理体制应从有利于工作出发,结合学校规模、各学院人数及各专业发展的实际情况综合考虑。新的学生管理体制要适应社会主义市场经济体制对高等教育提出的要求,要顺应高等教育大众化、国际化的发展趋势,要符合高校内部教育教学管理体制的改革对学生管理的新要求,要体现以人为本,服务学生的管理理念,使学生管理工作能体现教育、管理、服务、指导、咨询、维权、关爱七位一体的工作格局。

---

①蔡国春.中美高校学生事务管理模式比较研究[M].青岛:中国海洋大学出版社,2017.

　　当学校规模小、学生人数少（少于3000人）、学校各系人数极不平衡时，宜采用一级管理体制，这样可以精简学校机构，提高办学效益，如图6-1所示。否则，若采取二级或三级管理体制，就会增加学校机构和管理者人数，造成机构臃肿、人浮于事的状况，降低了办事效率和办学效益。

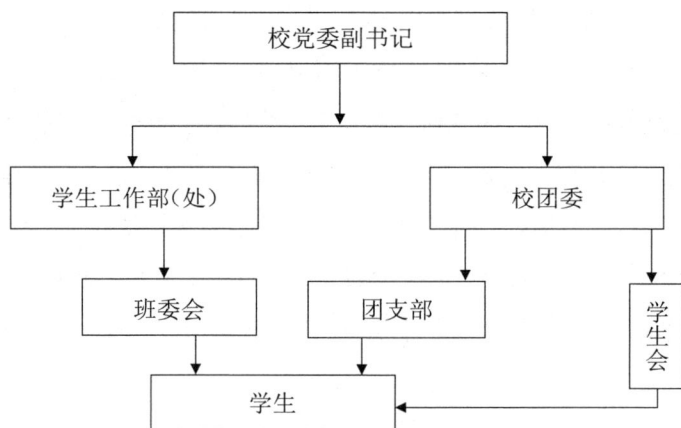

图6-1　一级管理体制示意图

　　当学校规模适中（在3000～12000人之间）、各院学生大多在500至2000人之间时，宜采取校、院二级管理体制，如图6-2所示，学生管理工作的基点可放在学院，由学院直接负责学生工作。

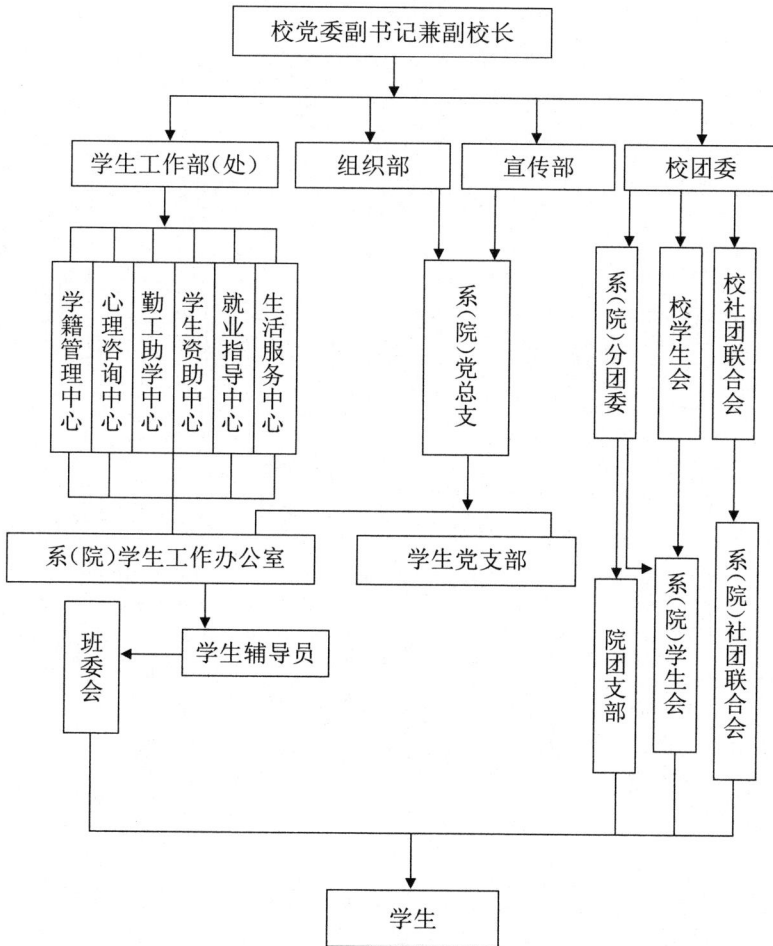

图6-2　二级管理体制示意图

　　当学校规模很大超过12000人,各院系学生人数较均衡时(超过2000人),宜采用校、院、系三级管理体制,如图6-3所示。

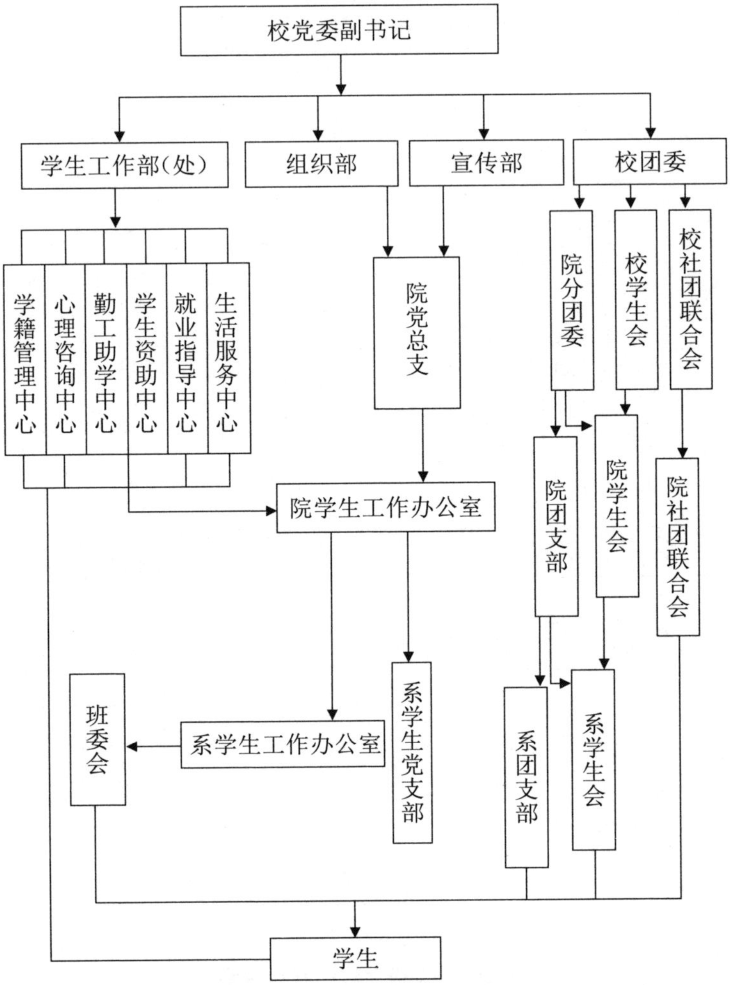

图6-3 三级管理体制示意图

以上学生管理二级体制、三级体制均由学校党委副书记分管学生工作。学生工作部主要负责学生的思想政治教育工作和学生工作干部队伍建设工作。要以理想信念教育为核心,深入进行树立正确的世界观、人生观和价值观教育;要以爱国主义教育为重点,深入进行弘扬和培育民族精神教育;要以基本道德规范为基础,深入进行公民道德教育;要以大学生全面发展为目标,深入进行素质教育。下面对管理体制的各部门作简单介绍。

组织部：学生党员发展的职能可由党委学生工作部及各系（院）党总支具体管理，组织部则宏观指导学生的党建工作，更有利于加强学生党员的培养，加强学生党支部的建设，争取达到"低年级有党员，高年级有党支部"的要求，更好地发挥入党积极分子和党员的模范带头作用，成为学生的榜样和旗帜，为学校的稳定作出贡献。

宣传部：主要负责政治理论教育，新闻舆论宣传和校园精神文明建设。在校党政的领导下，统领全校的宣传思想工作，发挥教育引导作用、舆论宣传作用和决策参谋作用。

校团委：负责团建工作，负责指导学生会、学生社团工作，负责大学生社会实践、创新创业教育，负责校园文化建设等项工作。

学生工作处下设六个中心，负责对学生学习、生活等方面的工作进行指导、咨询和管理，为学生提供个性服务。各中心必须借助立体的、畅通的校园信息网络，提高管理效率和服务水平，通过校园网，使高校的学生管理工作由单向性（学生只是被教育和被管理的对象）转为双向互动性，真正实现管理学生到服务学生的转变，由集体管理向个性服务管理转变。

学籍管理中心负责学生奖惩工作，负责学生奖学金评定、发放工作，负责优秀学生评选工作，负责接待处理学生申诉工作，负责学生休学、停学、转学（转专业）、复学、退学的管理和审批和学生档案的管理工作。

勤工助学中心负责特困生的审批、特困补助的发放工作，负责学费的减免工作，负责开辟学生勤工助学岗位、安排学生参加勤工助学工作，变输血为造血，鼓励学生自立自强，帮助困难学生顺利完成大学学业。

学生资助中心在学校党委、行政的领导下，按照上级有关资助工作要求，负责制定学校"奖、助、贷、减、免"等资助工作的政策，组织实施学校的资助工作。如负责协调银行争取到助学贷款额度，负责学生助学贷款的咨询、手续审核、资格验证工作,负责协助银行做好助学贷款的组织管理工作,负责贫困生的界定、贫困生资助和学费减免等工作。

心理咨询中心面向所有学生做好心理健康普查工作,做好心理健康讲座工作,做好个别学生的心理咨询辅导工作,以缓解学习、生活、就业、人际交往带来的困惑和压力,化解矛盾,增强信心,热爱生活、珍惜生命。

就业指导中心负责学生的职业生涯策划和设计,负责学生就业政策咨询,就业知识和择业技巧培训,就业信息的收集、整理、发布工作,负责毕业生就业手续的办理工作,负责与用人单位联系积极推荐毕业生。

生活服务中心负责学生住宿的管理、卫生的检查工作,以管理育人为宗旨,全心全意做好服务工作,努力营造一个文明、卫生、健康、温馨的育人环境。

整个系统进一步体现了在强化学校服务管理职能的同时,注重强化了学生在管理过程中的主体地位,强化了党团组织和学生组织在学生的管理教育中的育人作用,在一定意义上体现了对中央16号文件精神的贯彻和落实;进一步强化了学生会、学生社团、班级、团支部、党支部在学生管理工作中的不可替代的重要作用,体现了学生管理重心下移,即向院(系)等基层组织分权,发挥基层管理组织的作用。院(系)在学生管理上最有发言权,对本院(系)学生的思想、学习、个性特点了解最多,特别在面对市场经济和知识经济带来的高校学生管理工作决策环境复杂多变的情况下,没有院(系)的积极参与,高校学生管理工作目标是根本无法实现的。

即使在后勤社会化改革的今天,也不能放弃班级这一学生的基本组织形式,班级仍然是大学生自我教育、自我管理、自我服务的主要组织载体,要着力加强班集体建设,组织开展丰富多彩的集体活动,发挥团结学生、组织学生、教育学生的职能。教育部发出通知,要求各高校要切实加强对学生住宿的管理,原则上不允许在校外租房住,对极少数坚持在校外租房的学生,要由本人与家长双方签字承诺后报学校备案;各高校要选派辅导员进驻学生公寓与学生同住,了解学生思想动态,关心学生思想、生活,引导学生正确处理问题。对于校内住宿的学生,要安排学生按班集体住在一起,按班集体建立党团支部。没有按班集体安排住房的,要积极创造条件,尽早作出住房调整等。这些情况都表明,无论是实行学分制、弹性学制还是后勤社会化,班集体的概念不能淡化,学校对学生的服务管理不能削弱。

第四节　大学生思想品德教育管理体制

中华人民共和国成立以来经历过一些变化,由于各高校具体情况、人员素质、传统风格、办学特点不相同,但总的来说,我国高校学生思想品德教育实行的是综合管理体制。

一、专职干部责任制

高校专职党团干部是党的教育方针与政策在各单位的综合贯彻执行者,是对学生进行各种思想品德教育管理的设计者,是发动全体教师教书育人的组织者。因此,专职干部在学生思想品德教育管理中发挥着不可取代的作用。

学生专职干部主要指担任党团职务,专门从事学生教育管理的干部,包括学生工作部(处)或宣传部、校团委的干部,各系主管学生工作的党总支(分党委)副书记、团总支(分团委)干部等。专职干部一般按学生人数的1∶150配备,不足150名学生的单位可根据实际工作情况考虑。专职干部在学校党委的领导下,具体由学校主管部门和各系党总支共同管理。他们除根据实际表现和工作需要晋升职务外,同时,作为学生思想品德课教师在晋升专业职务方面享受与其他业务教师同等待遇。

专职干部的职责是开展学生思想和学生工作的调查研究,根据全局形势,结合学校的实际,进行正确决策,统一制订本系统学生思想政治教育、管理工作计划,保证学生思想品德教育管理工作的整体性与系统性。同时,专职干部还要负责安排、协调、组织开展党团教育、政治学习和日常思想品德教育管理各项活动。

按照教育部的要求,专职干部要讲授或辅导思想品德课,并负责组织形势教育、大学生思想修养、人生观教育、法制教育、职业道德教育、毕业教育与就业教育等思想品德课程的教学工作。专职干部要负责指导年级主任、兼职辅导员(或班主任)、研究生政治导师的工作,包括制定工作计划、提供有关信息和教育材料、检查总结工作,以及负责评比优秀教育工作者等工作。

专职干部还要负责指导学生干部的工作,关心学生干部的培养教育,具体指导团组织、学生会开展各项教育管理活动。同时,依靠年级主任、辅导员(或班主任)、研究生政治导师和学生干部,正确执行有关学生的各项政策,指导并做好学生的思想品德考核,毕业鉴定与考核,评定三好学生奖学金、优秀学生干部、优秀团员先进班集体等工作,负责做好学生的就业及派遣工作。

专职干部主要从毕业生或青年教师中挑选。从事学生教育管理的干部必须具备以下条件:一是坚持四项基本原则,积极拥护、努力贯彻党的路线方针、政策,在政治上同党中央保持一致,一般要求是中共党员。二是热心思想工作,热爱、理解、熟悉青年学生,联系群众,作风正派,坚持原则,办事公正,严于律己,为人师表。三是具有一定的社会工作经历和组织管理能力、表达能力和调查研究能力,能独立开展工作。四是具有大学本科以上文化水平,业务成绩优良。[①]

二、教师指导学生责任制

教师在教育学生的过程起着主导作用。调动教师教书育人的积极性是抓好学生教育管理工作的关键。除了要求所有教师在教学过程中为人师表、严格要求、注重学生思想品德教育,这里说的教师指导学生制,是要求一部分教师在完成自己教学、科研工作的同时,兼做一个年级或一个班的学生教育管理工作。指导教师包括年级主任、辅导员或班主任研究生政治导师(以下统称指导教师)。

指导教师中的兼职辅导员或班主任可以采用分段制(即一二年级为一段,三四年级为一段),也可以实行四年一贯制。人数在120人或120人以上的年级应配备年级主任,负责组织、协调本年级的工作,不满120人的年级可根据情况按专业或系配备年级主任,年级主任在任职期间以学生教育管理工作为主,也可适当担任少量的教学、科研工作。研究生政治导师按研究生人数1∶40配备,其待遇与业务导师相同。

指导教师由学校人事处、宣传部、教师工作部门、学生工作部门和所在院系党总支组成领导小组共同管理。人事处负责把指导教师的工作表现与教师出国、进修、晋升专业职务等政策挂钩;宣传部负责指导教师的自身提高、评比先进、总结交流工作经验等工作;教师工作部门负责把指导教师的工作表现与教师教学工作量、课时酬金的发放挂钩;学生工作部门与系党总支负责对指导教师的工作指导与考核。

指导教师由教研室负责考察挑选,由系党总支、行政审核,报学校批准并颁发聘书。聘期一般为二年一期,可以连聘连任,无特殊情况未经批准不得随意更换,以保证工作的连续性。指导教师的职责:

---

①张钠. 大学生思想政治教育实践与探索[M]. 成都:电子科技大学出版社,2017.

一是努力贯彻党的教育方针,对加强学生思想品德教育管理的目的、意义认识正确,严于律己,言传身教,引导学生德、智、体全面发展。二是负责指导学生团支部、班委会开展各项有益的活动,负责组织本年级(或班)的政治学习、组织生活、班务会议,做好日常的思想教育管理工作,保证学校各项教育管理计划、措施、制度在基层的贯彻落实。三是负责执行本年级(或班)学生的思想品德考核,评比三好学生、奖学金、优秀学生干部,推荐免试研究生以及毕业生就业等有关政策,对发展学生党员提出建议和意见。四是指导学生开展有关业务学习、课外科研学术交流等活动。

担任指导教师应具备下列条件:一是坚持四项基本原则,忠诚党的教育事业,品德高尚,作风正派,能做好学生表率。二是有一定的社会工作能力和从事思想教育管理工作的经验,工作责任心强。三是有一定的学术水平,教学效果好,在担任指导教师期间,担任本年级(或班)一门业务课的教学工作。

建立指导教师责任制是发动教师做学生思想教育管理工作的重要措施。由于大多数教师都有自己的教学科研任务,并且面临业务水平的提高与专业职务的晋升,加上学生工作投入大、收效慢、工作难度大、耗费时间多,使大学里许多教师不愿意担任指导教师的工作。造成这种状况的原因是多方面的,首先应端正办学方向,提高全体教师对加强德育教育的认识,同时,要制定具体的措施,在政策上解除教师的后顾之忧。只有把教师的积极性充分发挥出来,把培养学生良好的思想品德当作全体教师自觉的行动,高校学生工作才能创造崭新的局面。

三、学生自我教育与管理制

学生自我教育与管理制就是在学校党委的领导下,充分考虑到大学生的特点和未来社会对人才的要求,在学校专职干部、教师的指导下,通过学生干部,在学生中建立各项教育管理活动的制度。

学生自我教育与管理制包括学生党团组织制度,学生会组织管理制度,学生社团及刊物管理制度,学生勤工俭学、社会实践管理制度,学生业余文化、体育活动管理制度,学生寝室管理制度等。学生自我教育与管理制度由学生团组织、学生会在专职干部的指导下制定,按照团组织、学生会的系统下达执行,并负责检查、总结、修改、完善。各系团总支(或分团委)、学生会在执行制度过程中根据本单位的实际,在不违背学校团组织、学生会制度原则的情况下,可以进行适当的调整,作为学校制度的完善与补充。学生干部的职责一是学生干部所担任的各项社会工作,既是服务工作,也是学校不可缺少的教育管理工作,他们都应在自己分工的工作中认真贯彻党的路线、方针、政策。二是学生干部在自己所管辖的范围内,应大胆行使职权,弘扬正气,打击歪风,批评不良行为。三是学生干部对学生思想品德考核、鉴定、评比三好、评奖学金、入党、入团等,向专职干部、指导教师提出建议和意见(专职干部、指导教师及学校有关部门应尊重学生干部的意见,在加强指导的同时,放手大胆地使用学生干部,充分发挥学生干部在教育管理中的主人翁作用)。

为了让更多的学生做社会工作,发挥大家的积极性,学生干部一般不兼职,有条件的班级、系可实行干部轮换制,以便使更多的学生得到锻炼。学生干部的任职条件是:一是拥护党的路线、方针、政策,积极要求进步,坚持德智、体全面发展。二是热心为同学服务,工作认真负责,积极肯干,作风正派,在同学中有较高威信。三是学习勤奋刻苦,学习态度端正,学习成绩优良。四是校、系的主要学生干部,必须是所在班的优秀学生。五是负责的某一方面工作尽量考虑到学生自身的爱好与特长。

凡是受到学校通报批评以上处分的学生,凡是学习成绩较差或有不及格功课的学生不宜担任学生干部。

凡团支部、班委会以上的学生干部,都必须经过全体会议或代表会议民主选举产生。新生进校第一学期,成立临时团支部和班委会。学生干部由专职干部根据招生或档案的记载与指导教师商量指定,第一学期结束时,再进行民主选举。以后根据情况每学年改选一次,学生干部可以连选连任。参加学校、系有关单位和部门工作的各类学生工作人员(如校刊、广播台、学生会各部工作人员可采取选聘的办法挑选,经学生所在系的专职干部和指导教师同意后即可担任一定的社会工作。学生社团组织和社会实践、勤工俭学活动的负责人,由学生民主选举,分别报学校或系团组织批准,特殊情况也可由校、系团组织、学生会指定。学生干部的选举增补、免职、调整必须经过同级党组织同意,并按管理范围向上级对口组织报告,按照正常的民主程序进行,不得擅自改选或任免干部。

在学生干部的培养与教育方面,学校有关部门、校团委应利用业余时间有计划地对学生干部进行培训。培训包括理论学习、工作指导、经验交流、形势分析等,有目的地提高学生干部的思想觉悟与工作水平,增强他们自我教育与管理能力。

在寒暑假期间,学校应组织学生干部到边远地区、工厂、农村,进行考察参观,了解社会实际,增强社会责任感和社会阅历。

专职干部与指导教师在工作中要对学生干部严格要求,认真培养,既精心指导,又大胆放手,克服一切由学生干部自己去工作和包办代替两种倾向,使学生干部在实践中不断成熟、进步。

学生担任的社会工作,应在学生考核、鉴定中予以记载,对于工作中的成绩与实际水平也应如实反映,以便就业时用人单位考察。凡是学生选举出的干部,都应在评三好学生、奖学金等政策中进行恰当的肯定,在学生入党、入团、就业时应作为全面衡量学生的依据之一。

学校在评比三好学生以外,每年应评选一次优秀学生干部,优秀学生干部可以同时评为三好学生，以鼓励学生干部的工作积极性。对学生干部工作的考核主要由上级学生组织、学生专职干部和指导教师共同考察与评定。对有错误或因工作不负责造成损失的学生干部，按学校有关规定，不宜继续担任社会工作的，应按程序予以免职或除名。

第七章　高校学生管理工作队伍建设

第一节　高校学生管理队伍建设的重要性

一、队伍建设是做好高校学生管理工作的组织保证

陈至立同志曾经指出:"高校党委一定要下决心像选拔、培养学术骨干一样,选拔、培养学生思想政治工作者,建设一支包括专职思想政治工作者、'两课'教师、心理健康教育工作者、就业指导与教育工作者、兼职思想政治工作者在内的政治坚定、专兼结合、结构合理、素质过硬的学生工作队伍。"这段话深刻总结了近年来高等学校学生管理工作队伍建设的经验,也为学生管理工作队伍建设指明了方向。

(一)高校学生管理必须要有一支"政治强、业务精、纪律严、作风正"的管理队伍

"政治强"即要求学生管理工作者打好理论根底,具有坚定的共产主义信仰,具有正确的世界观、人生观和价值观,具有较高的马克思主义理论素养和政策理论水平。"业务精"即要求学生管理工作者打好知识根底,学习并熟练掌握学生工作基本理论,掌握党的基本知识、基本理论,熟悉学生思想政治状况和学生成长成才规律,做到既懂政治,又学识渊博。当前,学生管理工作者尤其要掌握教育学和心理学知识,能够为大学生提供心理咨询服务和开展心理健康教育活

动；要掌握就业指导方面的知识，能够引导学生树立正确的择业观和指导大学生健康择业。"纪律严"即要求学生管理工作者打好政策法规纪律根底，牢牢掌握党的路线、方针和政策，掌握国家的法律法规，不断增强纪律观念，在思想上、行动上始终同党中央保持高度一致，对于任何"小道消息"和有悖于中央精神的言谈，坚持"不听、不信、不传"。"作风正"即要求学生管理工作者打好群众观点根底，注意发扬民主，尊重人、理解人、关心人，和蔼可亲、平易近人、耐心细致，赢得学生的尊重和信任，还要注意培养高尚的道德情操和崇高的人格，正所谓"其身正，不令则行；其身不正，虽令不从"，依靠自己人格力量，增强教育工作的说服力和感染力。大学生是民族的希望和未来，把他们培养成为社会主义合格的建设者和革命接班人是高校的职责，只有按照"政治强、业务精、纪律严、作风正"的要求来加强高校学生管理队伍建设，才能承担起培养学生的历史重任。

（二）队伍建设关系着学生管理工作的成败和新局面的开拓

高校学生管理队伍是学生管理工作的直接组织者和担负者，学生管理工作的成败得失在很大程度上取决于队伍建设。加强和改进学生管理工作，必须切实加强队伍建设，要认真解决在学生管理工作队伍中存在的数量不足、结构不够合理、思想不够稳定、超负荷运转、重使用轻培养等问题，切实落实中央和各级有关学生管理工作队伍建设的有关文件精神。根据形势和任务的需要，按照以专职为主、专兼职相结合的原则，主要在品学兼优的硕士研究生以及本科优秀毕业生、优秀中青年教师中补充学生管理人员；要不断优化队伍结构，统筹规划，合理安排，保证学生管理工作者的学习培训，提高学生管理者的素质；实行倾斜政策，保证学生管理工作者的职称、职级、评优和收入等福利待遇；建立和完善学生管理工作者的考评体系，明确职责、规范要求、强化管理、严格奖惩，保证学生管理工作者的主要时间和精力真正投入在学生工作上。只有建设一支思想素质好、理论素养和政策水平高、业务能力强、信得过、靠得住、特别能战斗的学生管理工作队伍,才能不断开拓高校学生管理工作的新局面。[①]

二、队伍建设是培养人才及其本身发展的客观要求

目前,高校学生接受信息的渠道很广,他们知识面较宽、学习能力较强,再加上社会环境比较宽松,为学生的个性张扬、个人权利的保护和体现提供了条件。但是由于现在的大学生基本上是独生子女,从小学到大学,一直生活在校园中,相对而言他们的社会生活能力较弱。这些年,由于高等教育的大幅度扩招和毕业生就业压力的加大,尽管现在的学生拥有父辈不可能拥有的物质条件,但是他们却很难找到上几代大学生拥有的天之骄子的幸福感和成就感,可以说他们的压力很大、失落感较强,甚至有时会迷茫、无所适从。他们急需得到心理健康、人际交往、社会适应和人生规划等方面的指导,迫切需要得到他人的关心和帮助。纵观高校现状,正如前述,高校学生管理队伍无论是数量还是质量,都需要着力加强和提高,只有不断加强高校学生管理工作队伍建设,才能适应培养人才的客观需要。

学生管理工作队伍是学校重要的一支力量,如把学校的发展比作一辆车,那么,学生管理工作就是与教学、科研、后勤工作一起构成四个轮子,满载学校这辆车向前行驶。但从目前情况看,高校学生工作管理队伍存在的问题还很多,为了使这支队伍更加的稳定、更好地发展、素质不断提高,必须采取有效的措施加强学生管理队伍的建设。

---

①姚淼. 高校行政管理与大学生思想政治教育适应性研究——基于服务型高校视角[D]. 北京:华北电力大学;华北电力大学(保定),2013.

第二节　高校学生管理队伍的建设

一、高校学生管理者应具备的素质

学生管理工作者要培养和造就高素质人才,自身必须具备较高的政治思想素质、合理的知识结构和较强的能力素质,并有较完善的自我形象和人格力量等。概括来说,高校学生管理者应具备以下素质。

(一)政治素质

1.坚定的政治方向

政治方向就是为实现工人阶级的根本利益而必须遵循的政治要求,它是实现共同理想的保证,是建设有中国特色社会主义的精神支柱和力量源泉。高校学生管理者无论是在什么时候、什么场合都要自觉地坚持社会主义的政治方向,做一个坚定的、清醒的社会主义的捍卫者和引路人。

2.鲜明的政治立场

鲜明的政治立场就是要始终站在广大人民的立场上来观察问题和处理问题,坚决维护党和人民群众的利益,为绝大多数人民群众谋利益,坚持四项基本原则,坚持改革开放,在政治上与党中央保持一致。

3.较强的政治原则

较强的政治原则要求坚持党性原则,革命性、科学性和实践性原则,自觉地为社会主义事业、为人民群众的根本利益而奋斗。

4.坚定的政治信仰

人的信仰是原则性和坚韧性的基础。只有树立了崇高的政治信仰,才能产生强大的内驱力,以坚持不懈的意志和毅力去从事伟大的事业。

5.良好的政治品质

良好的政治品质要求忠于党、忠于人民、忠于社会主义祖国,热爱真理、追求真理、坚持真理、服从真理,廉洁奉公、公正无私,襟怀坦白、光明磊落,表里如一、言行一致。

6.较高的政策水平

高校学生管理者只有正确地掌握党的路线、方针、政策,不断提高自己的政策水平,才能通过教育管理活动引导广大学生认真贯彻执行党的路线、方针和政策。

(二)思想素质

1.正确的思想意识

正确的思想意识是要树立社会主义思想意识,掌握马克思主义科学体系,自觉地传播社会主义、共产主义思想,牢记全心全意为人民服务的宗旨,树立党的利益、人民的利益高于一切的观念,正确处理个人利益和社会利益、集体利益和他人利益的矛盾关系,坚决维护中国化的马克思主义的指导地位,抵制各种错误思想意识的影响,在实践中不断培养和发扬社会主义和共产主义的精神。

2.科学的思想方法

科学的思想方法是要掌握马克思主义哲学的基本观点,提高自己认识问题、分析问题和解决问题的能力,运用马克思主义立场、观点和方法指导学生的教育管理工作。

3.严谨的思想作风

严谨的思想作风是要有实事求是的思想作风,尊重客观事实,一切从实际出发,按照教育教学管理规律办事。

(三)道德素质

1.科学的道德认识

科学的道德认识是道德行为和道德习惯的先导,是形成道德晶质的最基本的条件。高校学生管理工作者要在了解和掌握社会主义的道德价值体系的基础上,按照社会主义道德体系的要求和规范提高自己的道德修养。

2.高尚的道德信念

道德信念较之道德认识、道德行为和道德意志,具有综合性、稳定性和持久性的特点。它在道德品质形成中居于主导地位,是道德认识转化为道德行为的重要精神力量。高校学生管理工作者应该确立高尚的社会主义、共产主义道德信念,具有真诚信仰和强烈的责任感。

3.优秀的道德品质

优秀的道德品质是道德认识、道德情感、道德意志、道德信仰、道德信念、道德行为的集合体。高校学生管理工作者要树立社会主义、共产主义道德品质,具有毫不利己、专门利人的高尚美德,以自己的实践活动体现社会主义、共产主义的道德情操。

(四)知识素质

1.牢固的理论知识

作为高校学生管理者,要认真学习和掌握马列主义、毛泽东思想、邓小平理论、"三个代表"重要思想、科学发展观,贯彻习近平新时代中国特色社会主义思想,用马克思主义中国化理论武装头脑。

2.扎实的专业知识

高校学生管理者的专业知识,突出的表现为思想政治教育学的基本理论和工作业务方面的知识,掌握专业知识,有利于提高高校学生管理者的业务能力和专业水平。

3.广博的相关学科知识

高校学生管理者要掌握心理学、教育学、伦理学、政治学、社会学等相关学科的理论知识,同时,还要熟悉和了解与学生管理联系较为紧密的相关知识,例如,经济学、法学、历史学、美学、思维科学中的语言学、逻辑学、统计学和现代科学技术知识、电脑操作知识等,高校学生管理者懂得的知识越多,对工作越有利。

(五)心理素质

1.坚韧的意志品格

作为高校学生管理者,必须具有强烈的事业心和进取心,高度的热情和主动负责精神,坚定的信念和自信心,强烈的责任心和荣誉感。只有这样,才有克服困难的勇气。在困难面前,要具有坚韧的忍耐力和坚定的毅力,面对成功与失败、顺境与逆境,都能沉着稳定,善于控制自己的情绪,保持冷静。

2.开放稳重的性格特征

高校学生管理者要善于培养开放、稳重而富有吸引力的性格特征,在教育实践中做到一丝不苟、踏实认真,在待人处世中要开朗热情、诚恳友善、风趣幽默、宽容大度、平和端庄、乐于助人、严于律己、宽以待人。

3.良好的心境

心境是一种比较持久的、稳定的、影响人的整体的精神活动的情绪状态,对人的生活和工作有很大的影响。一般来说,积极、良好的心境有助于充分发挥自己的积极性与创造性,提高工作效率。因此,高校学生管理者应当学会做心境的主人,使自己经常保持舒畅、乐观、开朗的良好心境,以利于有效地开展工作。

4.广泛的兴趣爱好

高校学生管理者要具有广泛的兴趣爱好,以便在工作中与学生打成一片,寓教育于娱乐当中,使思想性、教育性与娱乐性融为一体,通过健康活泼的集体娱乐活动,潜移默化地影响学生的思想政治品德,达到提高学生的思想政治觉悟和认识能力的目的。

(六)能力素质

1.组织管理能力

组织管理能力主要包括:调动和组织各方面的能力;收集、整理各种思想信息,制订计划,并选择时机实施计划,有较高的决策能力;熟练自如地独立组织各种思想政治教育活动,如报告会、学习会、讨论会、总结会等,包括设计会场,确定会议议程,主持会议方面的能力;耐心、深入细致地开展个别谈心活动,具有创造良好的谈心气氛,掌握谈心技巧方面的能力;运用各种措施,通过民主管理激励学生参与管理的积极性的能力等。

2.分析研究能力

高校学生管理者要有较强的调查研究能力,善于接触、观察、了解、分析问题,并作出正确的判断;要有较高的理论研究分析能力,善于结合实际运用思想政治教育的基本理论解决实际问题,并在实践中不断发展思想政治教育的科学理论;要有较强的逻辑分析能力,能够运用演绎法、归纳法及科学的思维方法对经验进行归纳总结,对问题进行综合分析,从中得出正确的结论,并把它上升为理论,指导实践活动。

3.语言表达能力

语言表达能力包括文字表达能力、口头语言表达能力和动作语言表达能力3个方面。文字表达能力即写作能力,指能够把所思所想见诸文字,写出文理通顺、思路清晰、生动活泼、情文并茂的文章、总结报告等。口头语言表达能力即谈话的艺术,具备吐词清晰、言词明白、幽默动听、符合逻辑的才能,通过报告、讲授、座谈、个别谈心等方式,循循善诱地说服学生。动作也是一种语言,能够使一些不便用口头和文字表达的内容生动形象地传授给受教育者,并能抓住教育对象的心理,进行示范、引导,增强说服教育的效果。因此,高校学生管理者要有较高的动作语言表达能力,善于根据不同的场合和不同的对象,巧妙地运用动作姿势语言,如手势、眼神、面部表情,向学生暗示或阐明自己的工作意图。[①]

二、建设"职业化、专业化、专家化"的高校学生管理队伍

(一)建设"三化"队伍是学生管理队伍建设的必然趋势

专业是社会分工、职业分化的结果,是人类社会发展到一定文明程度所必然出现的结果。从职业社会学来看,社会变革发展的一个重要特征就是许多职业都进入了"专业"的行列。"职业化"就是指把学生管理工作视为一种职业,把这支队伍建设为从事这一职业的教师。"专业化"是指用思想政治教育专业的知识和理论武装这支队伍的头脑,使他们具有较高专业素养的人。"专家化"是指要把高校学生管理者培养成为思想政治教育的专家,成为现代大学生的指导者和引路人。

判断一个职业是否是专业的标准:能够运用专门的知识与技能;强调服务的理念和职业伦理;经过长期的培养与训练;需要不断地学习进修;享有有效的专业自治;形成坚强的专业团体。这样的专业队伍越稳定,并且出现的专家越多,对社会的进步与发展就越有利。既然职业化、专业化是社会分工的必然结果,那么高校学生管理队伍建设的方向也应该朝职业化、专业化发展,而且从培养高素质的社会主义建设者和接班人的目标和要求来看,也必然要求高校学生管理队伍向专家化发展。

---

①曾瑜,邱燕,王艳碧. 高校学生管理工作法治化研究[M]. 成都:西南交通大学出版社,2016.

(二)建设"三化"队伍是培养合格的社会主义建设者的需要

当今国际社会呈现出"政治多元化、经济全球化、文化多元化、信息网络化"的新趋势,如何应对这一新趋势,每个国家都面临着机遇和挑战。我国高校肩负着培养中国特色社会主义建设者和接班人的重任。高校学生管理队伍工作在大学生思想政治教育和管理的第一线,高校的各种思想政治教育活动都要依靠他们去落实,其工作成效如何直接影响其所培养的大学生的质量。从某种程度上可以这么说,高校学生管理队伍的素质决定了大学生的素质。高校学生工作队伍向职业化、专业化和专家化发展,是当今高校改革与发展和学生成长成才的需要。

(三)建设"三化"队伍是高校学生管理队伍自身发展的需要

高校学生管理者与其他学科的专业教师一样,是高校教师的重要组成部分。学生管理工作具有很强的科学性与艺术性,在大学生教育管理中,在工作内容上,学生管理者会运用到许多涉及大学生健康成才的各个方面的知识。作为学生管理工作者,如果没有较高的业务素质与水平,没有比较全面的知识、能力和责任心,是不能顺利而有效地开展学生工作的。而解决这一问题的关键就是实现学生管理工作队伍的职业化、专业化和专家化,使这支队伍工作有成效、干事有平台、发展有空间,这不仅是工作的需要,也是这支队伍自身发展的需要。

建设高校学生管理"三化"队伍,同时也是坚持以人为本,实施人才兴国的战略思想,把高校学生管理队伍作为我国重要的人才资源来建设的具体体现。

三、大力加强高校辅导员、班主任队伍建设

(一)党和国家高度重视高校辅导员、班主任队伍建设

2004年10月,中共中央、国务院发出《关于进一步加强和改进大

学生思想政治教育的意见》(以下简称《意见》)。《意见》强调指出,大学生是十分宝贵的人才资源,是民族的希望,是祖国的未来。加强和改进大学生思想政治教育,提高他们的思想政治素质,把他们培养成中国特色社会主义事业的建设者和接班人,对于全面实施科教兴国和人才强国战略,确保我国在激烈的国际竞争中始终立于不败之地,确保实现全面建设小康社会、加快推进社会主义现代化的宏伟目标,确保中国特色社会主义事业兴旺发达、后继有人,具有重大而深远的战略意义。《意见》指出,思想政治教育工作队伍是加强和改进大学生思想政治教育的组织保证。要采取有力措施,着力建设一支高水平的辅导员、班主任队伍,学校要从政治上、工作上、生活上关心他们,在政策和待遇方面给予适当倾斜。

为全面贯彻落实《意见》,教育部发出了《教育部关于加强高等学校辅导员班主任队伍建设的意见》和《普通高等学校辅导员队伍建设的规定》,指出加强辅导员、班主任队伍建设,是加强和改进大学生思想政治教育的重要组织保证和长效机制,对全面贯彻党的教育方针,把大学生思想政治教育的各项任务落到实处,具有十分重要的意义。教育部要求各高校要认真做好辅导员、班主任的选聘配备工作。专职辅导员总体上按1∶200的比例配备,保证每个院(系)的每个年级都有一定数量的专职辅导员,同时每个班级要配备一名兼职班主任。教育部要求各地教育部门和高校要制定辅导员、班主任队伍的培训规划,建立分层次、多形式的培训体系;还要创造条件,积极组织辅导员、班主任参加社会实践和学习考察,提高解决实际问题的能力,增长做好思想政治教育工作的才干;为辅导员、班主任工作和发展创造必要条件,提供政策保障。

国家的大政方针一方面充分肯定了高校学生管理工作队伍的作用,将这支队伍建设的重要性上升到能够促进和保障科教兴国和人才强国战略的实施的高度,上升到中国特色社会主义事业的兴旺发达和后继有人高度,另一方面明确提出了这支队伍建设和培养的具体方向。

(二)必须不断加强高校辅导员、班主任队伍建设

1.加强辅导员、班主任队伍建设的重要意义

辅导员、班主任是高等学校教师队伍的重要组成部分,是高等学校从事德育工作、开展大学生思想政治教育的骨干力量,是高校学生日常思想政治教育和管理工作的组织者、实施者和指导者,是大学生健康成长的指导者和引路人。加强辅导员、班主任队伍建设,是加强和改进大学生思想政治教育和维护高校稳定的重要组织保证,对于全面贯彻党的教育方针,把大学生思想政治教育的各项任务落到实处,具有十分重要的意义。

2.高度重视辅导员、班主任队伍的选聘配备

辅导员、班主任工作在大学生思想政治教育和管理的第一线,在思想、学习和生活等方面负有指导学生、关心学生的职责。学校要高度重视辅导员、班主任的选聘,要坚持政治强、业务精、纪律严、作风正的标准,把德才兼备、乐于奉献、潜心教书育人、热爱大学生思想政治教育事业的人员选聘到辅导员、班主任队伍中来。要在保证数量的基础上,不断优化结构,提高辅导员、班主任的工作能力和水平。辅导员、班主任的选聘应当坚持的标准:一是政治强、业务精、纪律严、作风正;二是具备本科以上学历,德才兼备,乐于奉献,潜心教书育人,热爱大学生思想政治教育事业;三是具有相关的学科专业背景,具备较强的组织管理能力和语言、文字表达能力,接受过系统的上岗培训并取得合格证书。

3.明确辅导员、班主任的工作要求和工作职责

辅导员、班主任的工作要求一是认真做好学生日常思想政治教育及服务育人工作,加强学生班级建设和管理;二是遵循大学生思想

政治教育规律,坚持继承与创新相结合,创造性地开展工作,促进学生健康成长与成才;三是主动学习和掌握大学生思想政治教育方面的理论与方法,不断提高工作技能和水平;四是定期开展相关工作调查和研究,分析工作对象和工作条件的变化,及时调整工作思路和方法;五是注重运用各种新的工作载体,特别是网络等现代科学技术和手段,努力拓展工作途径,贴近实际、贴近生活、贴近学生,提高工作的针对性和实效性,增强工作的吸引力和感染力。

辅导员、班主任的主要工作职责一是帮助学生树立正确的世界观、人生观、价值观,确立在中国共产党领导下走中国特色社会主义道路、实现中华民族伟大复兴的共同理想和坚定信念。积极引导学生不断追求更高的目标,使他们树立共产主义的远大理想,确立马克思主义的坚定信念。二是帮助学生养成良好的道德品质。经常性地开展谈心活动,引导学生养成良好的心理品质和自尊、自爱、自律、自强的优良品格,增强学生克服困难、经受考验、承受挫折的能力,有针对性地帮助学生处理好学习成才、择业交友、健康生活等方面的具体问题,提高思想认识和精神境界。三是了解和掌握学生思想政治状况,针对学生关心的热点、焦点问题,及时进行教育和引导,化解矛盾冲突,处理有关突发事件,维护好校园安全和稳定。四是落实好对经济困难学生资助的有关工作,组织好学生勤工助学,积极帮助经济困难学生完成学业。五是积极开展就业指导和服务工作,为学生提供高效优质的就业指导和信息服务,帮助学生树立正确的就业观念。六是积极开展以班级为基础,以学生为主体的活动,发挥学生班集体在大学生思想政治教育中的基层组织力量。七是组织协调思想政治理论课教师等工作骨干共同做好经常性的思想政治工作,在学生中开展形式多样的教育活动。八是指导学生党支部、团支部和班委会建设,做好学生骨干培养工作,激发学生的积极性、主动性。

4.大力加强辅导员、班主任队伍的培养培训

加强辅导员、班主任的培养培训,是加强辅导员、班主任队伍建设的关键。要重点组织辅导员、班主任学习马克思列宁主义、毛泽东思想、邓小平理论和"三个代表"重要思想、科学发展观,以及习近平新时代中国特色社会主义思想,学习时事政策,学习管理学、教育学、社会学和心理学,以及就业指导、学生事务管理等方面的知识,组织辅导员、班主任开展与工作相关的科学研究,不断提高辅导员、班主任的思想政治素质和业务素质。

要创造条件,积极组织辅导员、班主任参加社会实践和学习考察,使他们开阔视野,拓展思路,提高解决实际问题的能力,增长做好学生管理工作的才干。要制定并落实辅导员、班主任参加实践锻炼的具体办法。要积极创造条件,支持辅导员参加挂职锻炼和学习考察等活动。

5.切实为辅导员、班主任工作和发展提供政策保障

制定促进辅导员、班主任工作和发展的政策,是加强辅导员、班主任队伍建设的保障。要切实解决好辅导负评聘教师职务问题,根据辅导员岗位职责要求,进一步完善相应的专业技术职务评聘。

要统筹规划专职辅导员的发展,鼓励和支持一批骨干攻读相关学位和业务进修,长期从事辅导员工作,向职业化、专家化方向发展。要把专职辅导员队伍作为党政后备干部培养和选拔的重要来源。

要创造条件为辅导员、班主任获取工作信息和资料提供方便。通过多种渠道,帮助辅导员、班主任了解国际国内形势、党和国家的方针政策,以及各地与高等学校工作有关的好经验、好做法。

要完善辅导员、班主任评优奖励制度。优秀输导员、班主任表彰奖励纳入各级教师、教育工作者表彰奖励体系中,要树立辅导员、班主任先进典型,宣传他们的先进事迹,充分肯定辅导员、班主任在大学生思想政治教育中的贡献。

要加强对辅导员、班主任队伍的管理。完善辅导员、班主任的考核制度,定期对辅导员、班主任进行工作考核。

第三节　高校学生管理队伍的管理

一、高校学生管理人员的选拔

(一)选拔的意义

1.做好选拔工作是队伍建设的前提和基础

严格把好选拔关,是建设一支政治强、业务精、纪律严、作风正的学生管理队伍的关键,也才能确保队伍的质量。因此,选拔的对象应该具有为人师表的德行,这样才能在教育对象面前充分展现人格的力量,才能被教育对象所接受和信任。要具有较高的理论水平和组织协调的能力,这样才能在学生管理过程中充分发挥主导作用,促使思想政治教育的经常化、系统化、科学化。还要具有创新精神和敏锐的思维能力,要不断研究新情况、新问题,同时也需要具有敏锐的观察力、辨别力。要相信自己,相信自己从事的工作是高尚的、光荣的、受人尊敬的和崇高的,是社会主义物质文明和精神文明建设必不可少的组成部分,从而安心、专心、有信心做好工作。

2.合理选拔人员,优化学生管理队伍结构

高校学生管理队伍不仅有个体素质的要求,而且有整体结构的要求,这就要求选拔时要考虑专兼比例、年龄、性别、专长、职称、学历上的补缺,促使队伍结构呈现最优状况。实践证明,队伍整体结构的合理与否,直接影响到管理工作的整体效应。所以抓好合理选拔,促使队伍结构的优化是非常重要的。

3.公开选拔,形成竞争上岗机制

在选拔中,要引进竞争机制,实行公开招聘。引进竞争机制公开选拔的意义:第一,应聘者是自愿的,指导思想明确,工作时就比较安心,工作中的主动性、积极性就能得到充分的发挥。第二,公开选拔。对应聘者进行相互比较,选择的余地比较大,能按选拔标准招聘理想的人选。第三,提高职业地位。从辩证的观点和人们择业心态看,越是容易得到的职业、大家都能干的事情,在人们的心目中价值通常偏低,相反,经过竞争选拔上岗,优胜劣汰,人们才会感觉到它的价值所在。对队伍成员的要求高了、严了,这项职业也就自然会成为令人羡慕和向往的职业,而且这种竞争心态继续保持下去,有利于学生管理工作的发展。

(二)选拔的原则

选拔原则是在选拔过程中必须遵循的具体指导思想和基本要求,是选拔实践经验的科学概括和总结。只有坚持正确的选拔原则,才能取得最佳的选拔结果。

1.德才兼备原则

德才兼备是选拔的标准,坚持这一选拔原则,就要正确理解和把握人才的德与才的辩证关系。在选拔过程中,一定要全面认识和评价选拔对象的表现,既不能重德轻才,也不能重才轻德,应把德与才很好结合起来,宁缺毋滥。

2.择优选拔原则

择优是按照严格选拔标准和完善的择优程序录用人员过程。执行这一选拔原则不仅要量才使用,而且要发挥其优势,不仅要合理配备,而且要注重质量。要在人员数量上体现"精干",在人才质量上体现"高效"。

3.双向选择原则

选择优秀人员充实高校学生管理队伍,一是要本人愿意,二是主管部门择优选拔。这两个方面缺一不可,只有互相认同,才能完成选拔任务。如果在选择中不以自愿为原则,带有一定强制性,必然造成录用者被动地应付,无法心情舒畅地努力工作。同样,主管部门在选拔中如果没有物色到理想的人选,也不要降低标准,否则,就会影响队伍的合理结构和整体素质。

(三)选拔的方法

高校学生管理队伍选拔的方法有任命、推荐、招聘、考核等方法,这些选拔方法既可以单独使用,又可以结合使用。

任命是经上级领导部门讨论、决定,指定任职。推荐是由基层经过群众评比,推荐优秀人员加入队伍,但必须得到大家的认可和上级领导部门的审批同意。招聘一般指公开张贴布告或通过媒体发布信息,招收聘请队伍的成员。考核采用笔试或面试的方式对报考对象进行考查核定。[①]

二、高校学生管理队伍的培养

(一)高校学生管理队伍的学习

一要加强专业化建设,鼓励学生管理人员成为思想教育、心理健康教育、职业生涯规划、学生事务管理等方面的专门人才。作为一名学生管理者要按职业要求成为学生政治上的引路人、学习和生活上的指导者、心理健康的辅导者和合法权益的保护人,光有热情和爱心,缺乏专业知识的支撑,显然是不行的。高校要切实重视学生管理队伍的职业化、专业化、专家化建设,对学生管理队伍进行思想政治教育、时事政策、管理学、教育学、社会学和心理学以及就业指导、学生事务管理等方面的专业化辅导与培训,开展与学生管理工作相关

的科学研究,使学生管理者成为行家里手,工作起来得心应手。

(二)高校学生管理队伍的培训

学生管理工作辛劳清苦,责任重大,职业素质极其重要。要成为学生的人生导师,一定要内强素质,外树形象,率先垂范,言传身教。一批好教师会造就一所好学校,一个好学生管理人员会影响一批学生的未来。如果学生管理人员事业心和责任心不够强,经受不住委屈,斤斤计较,不但干不好工作,而且会对学生的成长造成不良影响。抓学生管理队伍建设要"严"字当头,要从实际出发,制订培养规划,有计划、有步骤地进行各种形式的岗前和在岗培训,强化职业道德操守;要定期安排学习考察、经验交流活动,沟通信息,促进提高;要建立考核激励机制,将考核与聘任、奖惩、晋级等挂钩,调动工作积极性和主动性;要通过各种途径不断提高学生管理人员的政治素养、职业道德、政策水平;要给学生管理人员提出做人和做事的要求,鼓励他们努力做到志存高远,做一个有崇高理想的人,脚踏实地,做一个身体力行的人,言行一致,做一个正直诚实的人,自我激励,做一个发奋进取的人,团结友爱,做一个善于协调的人,多思多想,做一个勇于创新的人。

三、高校学生管理队伍的管理

学生管理队伍管理重在建设,除了把握好选拔和培养两个环节,还应做好以下管理工作。

(一)加强制度建设

1.加强队伍管理的制度建设

根据社会发展对学生管理队伍的建设要求,必须建立一套行之有效的管理制度,对队伍成员的素质要求、职责、待遇、考核以及选拔、编制、职称、晋升、任期和发展方向都要作明文的规定,并通过抓制度建设,达到优化队伍组合、加强学生管理队伍建设的目的。

2.建立相对稳定和合理的流动制度

高校学生管理队伍人员的正常流动是必要的,这也是优化队伍结构的需要。建立一个合理的流动制度,是增强队伍活力和生机,稳定和优化队伍的重要措施。专职队伍应保持相对稳定,这样有利于积累经验,进行理论研究,提高队伍的整体素质和工作水平。同时,也要实行合理流动,稳中求动,动中保稳,在分流中保持队伍的稳定,两者不可偏废。要做到这点关键是要制定相关的制度,严格把关,妥善落实。

3.完善考核制度

完善学生管理人员的考核制度(含培训情况考核),使考核结果与奖惩、晋级挂钩。对优秀的学生管理人员要表彰奖励,除了授予物质与精神奖励,还应大力宣传他们的先进思想和事迹,努力营造尊重思想政治教育工作和育人光荣的良好风气。对表现不好的人员要及时指出,必要时要进行调整。思想政治教育队伍的奖惩制度在建设中要长期坚持下去。

(二)制定必要的倾斜制度

学生管理队伍要发展壮大,除了鼓励队伍骨干人员安心工作,还应制定相关政策,吸引更多的优秀人员加入这支队伍。这些相关政策应包括对队伍成员的外出进修、分流、岗位津贴、生活补助、晋升职称、职务提升等作出明确的政策规定,使从事这一职业的人员安心、放心、舒心、称职地工作,真正做到"进得来,留得住,干得好",发挥出更大的积极性,努力做好思想政治教育工作。

(三)热情关心,大胆使用

学生管理工作者是做人的工作的,同样,他们也需要得到组织上的热情关心帮助。各级党组织和主管部门领导除了政治上关心,还要在工作上给予指导,生活上帮助解决实际困难,只有这样,才能解除学生管理者的后顾之忧,安下心来,潜心学习和专心致志地研究思想政治教育的理论知识,提高工作艺术和工作水平。对在工作中取得突出成绩的优秀人才要大胆提拔使用,及时安排到重要岗位上工作,以发挥更大的作用。

各级党组织、行政部门要加强对这支队伍建设的规划、指导和监督检查,建立互检和自检制度,使学生管理队伍建设的规划和措施层层落实,培养和造就一支政治强、业务精、纪律严、作风正,结构合理的高素质的高校学生管理队伍。

(四)科学评价学生管理者的工作

科学评价学生管理干部的工作是加强学生管理干部队伍建设的重要方面,也是对学生管理干部的工作肯定。因此,对学生管理干部的工作评价一定要坚持科学发展观,实事求是,具体问题具体分析,使得评价公正合理科学。具体来说,就是要做到以下几点。

细化考核指标,解决好"考什么"的问题。根据岗位特点和职责,制定以实绩为核心,包括德、能、勤、绩、廉等在内的考核指标体系。

优化考核方法,解决好"怎么考"的问题。采取"素质考评、实绩评估、群众评议、综合遴选"的方式进行考核,使考核结果更具有客观性、全面性。

完善相关机制,解决好"考了算"的问题。健全完善考核反馈机制,健全完善考核激励机制,健全完善考核培训机制。还要根据形势的发展变化,着眼于新任务和新要求,及时增删考核内容,修正、补充、调整考核评价标准,着力提高考评工作的导向性、科学性、可比性和可操作性,调动学生管理干部工作积极性。

第八章　高校校园文化建设与学生管理工作的互动

第一节　校园文化建设与学生管理的互动关系

高校学生管理和校园文化建设之间存在着微妙的契合性:一方面学校的唯一管理对象是学生,学校的一切管理理念都基于培养对社会有用的人才这一目标。另一方面学生又是校园文化建设的主力军之一,如果校园文化建设脱离了学生这一群体,那将会变得毫无意义。因此,校园文化建设与高校学生管理之间应该是相互促进、相互影响、相互制约的关系。

一、校园文化建设对高校学生管理的促进作用

(一)校园文化建设有利于激发学生管理工作活力

校园文化建设对学生的教化、规范、启迪作用,主要表现在缤纷多彩、灵活多样的校园活动当中。娱乐性的文化活动不仅可以培养学生的课余爱好、排除负面情绪、缓解精神压力、形成积极的健康心理,还可以使学生培养一种参与民主的管理意识,在参与的过程中不断强化其组织管理能力,拓宽视野、活跃思维。教化性的文化活动能促使学生形成良好的道德修养,在其人生道路上,对学生的价值观和人生观有积极的导向,也满足了广大知识青年对文化、自身发展的需

求。同时,熏陶性文化则满足了广大学生丰富多彩的艺术、情感、精神的需求。校园文化变硬性的管理为软性的管理,"爱校如家"的认同感带来"无为"管理,充分激发了学生管理工作的活力。

(二)校园文化建设有助于提升学生管理工作效力

高校的学生基本年龄为 20 岁上下,生理上普遍成熟,自我意识强,思想活跃,心智已达到相当的高度,世界观、价值观和人生观也已经基本形成。但很多青年学生感性多于理性,情感的两极性表现突出,情绪易波动,情绪化的现象较为普遍,加上在家习惯了父母亲的庇护,涉世未深,没有经过大的困难和挫折,处理应变能力较差。他们渴望成功,却又不肯凭自己的能力积极努力;急于求成,但又缺乏吃苦耐劳、艰苦奋斗的精神。校园文化的引导式建设,寓管理于校园文化建设活动中,变有形的管理为无形的管理,用无形的氛围去影响和引导大学生的心理,这样比较容易取得学生的认同与协作。校园文化建设的这种表现方式有利于学生管理工作效力的提高。

(三)校园文化建设有助于开拓学生管理工作方向

校园文化所推崇的价值取向,有助于学生形成科学的人生观、世界观、价值观。良好的校园文化环境要素和校园文化建设有利于调动学生的积极性,从德、智、体、美、劳等诸方面塑造学生的人格。浓厚的校园政治氛围有利于满足学生在政治上、思想上和人生追求上积极进步的要求和愿望;切合高校学生未来发展方向的学术活动,有利于宣扬中华民族的优秀文化传统,有利于培养学生自尊、自爱、自强不息的优良品质;高质量的社会实践活动,使学生将爱因主义情感转化为振兴因家、保护家园的使命感和责任感,教导学生立足岗位、刻苦学习,在潜移默化中培养学生坚定的信念、顽强的品质,养成正确的世界观、人生观、价值观。而这一切都是与拓展高校学生管理工作努力的方向不谋而合的。[①]

二、高校学生管理对推动校园文化建设的作用

（一）管理环境和人文环境的塑造有助于校园精神文化的发展

高校极具特色的校园内部环境和外部环境组成了差异化的校园生活方式，而学校的特殊体制、办学宗旨、管理模式、办学目标等构成了具有各校特征的管理环境，是全体师生共同拥有的环境和应当共同遵循的价值观。而高校人文环境是校园内外文化变量的系统，包含全体师生的态度、观念和对学校的认知。高校的办学思想、校训、师德师风、学风、校歌、校史等构成了学校特有的人文环境，学校的办学理念是精神文化建设的实体结晶，因此高校的办学理念要体现以生为本、凸显校园特色等内容。校训是推动一所学校持续健康发展的原动力，优秀的校训可以"内聚人心，外树形象"。教风是体现一所学校学生学习的精神风貌，展现教师的是隐藏于校园之中的无形环境，展现了校园价值所在，创造优良舒适的管理环境、塑造深入人心的人文环境有利于校园精神文化的发展。

（二）管理理念和教导方式的转变有助于校园行为文化的提升

高校在生源层次、办学宗旨、办学条件、培养目标与普通本科院校有差距，在管理经验上较为年轻，管理理念较为谨慎保守，墨守成规，在教导方式上通常都是为了保持学生管理稳定性而不得不采取更为谨慎、更为严格的规范来约束学生的行为。但是一所学校如果缺乏朝气蓬勃的学生主体，无论学校拥有多么厉害的领导团体、多么卓越的硬件条件、多么雄厚的师资力量，都无法让一所学校的校园拥有强大的生命。而具体到校园文化，特别是大学校园文化，大学生特有的思想理念、生理素质、价值导向和思维方式等都构成了校园文化的核心，其本质实际就是一种人文环境和文化氛围。在这种由大学

---

①李海红.校园文化建设理论探索与实践案例[M].北京:光明日报出版社,2018.

生作为营造主体的人文环境和文化氛围中,有校园特色的人际关系、生活方式,以及由大学生参与的讲座、社团及其他科学文化体育活动和各类文化设施会作为校园文化的主要特征充盈着大学校园的各方面建设,使大学生活更具生机和活力。

（三）管理制度和运行机制的形成有利于校园制度文化的构建

制度文化作为校园文化的重要构成部分,在制度文化建设中我们需要做到:一是要建立健全管理制度,遵循科学性、可操作性和相对的稳定性的原则,尤其注意激励机制的建立。二是做好宣传教育工作。制度出台前,通过各渠道做好师生的思想舆论引导;制度出台后,则大力宣传建立制度的目的和意义等,组织师生学习制度规定的具体内容,甚至还要详细解释。通过舆论宣传,扩大教育效果,有意识地进行正面引导,形成良好的校园文化氛围,使学生受到潜移默化的影响和熏陶,并最终成为制度的执行者和传播者。三是要认真组织实施,规章制度一经建立,就要认真组织实施,实施过程中应力求做到"从严""求细"和"与人为善"。通过完善的学生管理制度的颁布实施促使校园活动有章可循,按章办事。

从建设目标来看,高校学生管理和校园文化二者有统一的、共同的学生培养目标,其宗旨都是为高校培养高素质人才服务。例如,学生管理的根本目的是服务学生,管理学生的前提是要为学生构筑良好的、有序的校园环境。另外从学生管理的持续性角度出发,任何的管理机制都必须包含奖惩和评优评先的方法,俗话说,有目标才有动力,有动力才有行动,学校是教育人、培养人的社区,在学校发展过程中,学生要逐步接受包括学校最高目标、价值理念、校风、传统习惯、行为规范和规章制度在内的文化氛围。校园文化对于全体师生的凝聚力提高,培养良好的校风,培育"四有"新人都具有重要的意义。一系列的奖惩制度和评优机制既能表彰先进,又能约束学生的行为,既提高了自身的人文素养,达到促进高校学生管理工作开展的目的,又有利于和谐校园文化氛围的形成。

第二节　以校园文化建设加强学生管理工作

一、以优质的校园环境服务学生

(一)优化的校园物质环境对中学生审美观的影响作用

教育家蔡元培先生说:"美育者,与智育相辅而行,以图德育之完成者也。"高品位的校园环境给人以审美感受,提高人的生活情趣,陶冶人的情操,净化人的心灵。高品位的校园环境,能够启发学生的想象,丰富学生的情感,活跃学生的思维。学生徜徉在湖边垂柳之下,徘徊在五彩缤纷的花卉之中,登上郁郁葱葱的校园小山,闻吸着沁人心脾的花香,环顾别具一格的建筑,凝视古今中外的伟人塑像,置身于优美的校园环境里,能够使其在静观之中,在心情愉悦的精神状态下,领悟到人生的哲理。高品位的校园环境就是一部富有感染力的审美教材,对培养学生的审美修养具有极大的促进作用。

优美的校园是富有教育意义的课堂,是不闭幕的文化艺术的展览,有利于陶冶学生的情操。如诗如画的校园风光,布局合理的校园建筑,鸟语花香的校园景致,整齐光洁的道路交通,美观科学的教室布置,无不给学生以巨大的精神力量。学生在幽静的环境中学习,感到舒心怡神,从而增强环境保护意识,所有这些都有利于学生正确的世界观、人生观、价值观的形成。爱美是人的天性,学生也不例外。校园的环境美可以升华为人的情感美,诱导学生鉴赏美、追求美、创造美。在一系列审美过程中,学生会认识到美是社会实践的产物,是由劳动创造的,感受到心灵美、语言美、行为美的正确内涵。

古希腊的亚里士多德认为:"美的主要形式是秩序、匀称和明确,美的东西应当是一个有机的整体。"学校的建筑、布局的美所体现应是整体的美,对学生队列的整齐、纪律的严明有一定潜在的影响。建筑的功能要能够满足人们的使用需要,建筑的外形要能够满足人们的审美需求,这是建筑外在的本质特点。除此之外,建筑还需要有内涵,能够满足人们的心灵需求。这就要求建筑里要凝结着艺术、文化和无穷的智慧。学校建筑要有象征意义,要以物喻人、托物言志,给学生留下更多的思考想象的空间,成为实现学校办学目标和激励学生奋发有为、立志成才的精神动力。建筑好比学校的"眼睛"。透过这双眼睛,我们可以看到校园的成长历程。建筑是一种造型艺术,它既是实用性的物质产品,又是一种艺术形式,象征某种理想和精神。

德国古典哲学家康德曾经把美划分为两类——壮美和优美。他认为这两种不同形态的美,对人的影响和作用是不同的。壮美是一种雄伟宏壮的美,可以使人胸怀宽阔,产生宏伟的志趣、远大的理想、崇高的情操;优美是一种优雅和谐的美,可以使人产生和形成优美健康的感情,产生文明礼貌的行为。学校建筑的这种教育功能,可以让学生在感受优美和壮美的同时,陶冶自己的情操,形成谦和而刚强的气质,明快而又奔放的性格,丰富而又健康的情感,深沉而又强烈的爱国情绪,远大而又崇高的理想。

环境既能育人,又能造就人。因此,许多学校都把美化校园环境作为精神文明建设的重要内容来抓。一般来说,柳绿花红、美观清洁的校园,窗明几净的教室,有秩序、有节奏的教学活动和休息安排,使学生头脑清醒,心境愉快,学习效率大大提高。优美的校园环境,可以丰富教学内容,有助于教学改革的开展,各科教师可以根据教学需要和学校环境的特点,进行教学改革,提高教学效果。美丽的校园还可以唤起学生的幸福感和对学校的热爱,在不知不觉中热爱生活、热爱家乡、热爱祖国的崇高品德得到提升,久而久之形成讲文明、有礼貌的美德。校园环境建设有时受地理、气候等条件的限制,但努力营造学校环境绿化、净化、美化,使校园井然有序的进行校园环境的构建,是每个学校用心经营后都可以做到的。优化的校园环境对学生的全面发展起积极推动作用。

学生首先要在校园这个熔炉里进行加工和改造,从而形成良好的道德风貌。因此,物质环境是校园德育的基础。物质环境是校园内对学生的学习和生活产生影响的一切物质条件的总和,它主要包括学校的自然地理位置、具有教育功能的人文景观、校容校貌绿化程度、现代化的教学科研设施、文化基础设施和充满人文关怀的园区物质设施等。虽然物质环境是没有生命和感情色彩的客观存在物,但如果能够按照德育学和德育心理学规律去设置这些客观存在物,就会成为影响学生道德品质的强大外部物质力量。

富有主题的校园环境,可以说承载了许许多多的事迹、范例,可以是某个伟人的生平事迹,可以是富有纪念意义的纪念堂,可以是这所学校的发端史,可以是这座城市的开拓路,辉煌的背后必然有艰辛的事迹,事迹中必然有可敬的人,可敬之人必然有其可敬之处,其可敬之处必然彰显其可敬人格。"情操"是坚定不移的情感和操守,是对外界刺激肯定或否定的心理反应,如喜欢、愤怒、悲伤、恐惧、爱慕和厌恶等,是廉洁正直的基础。可见,"情操"是一个人道德之中稳定性很强的情感世界和坚实的操守阵线,是一个人道德之中极重要的组成部分,而"高雅的情操"是时代的风范。青少年时期是人生成长的黄金时期,他们一般都具有强烈的求知欲望,对宇宙万物充满了好奇心,热切追求科学和真理。这种积极的情感体验,会成为他们进一步探索未知、追求科学和真理的动力,情趣有高雅与庸俗之分,高雅的情趣是追求美好生活的乐观向上的生活态度和健康的心理,是人们对生活中美好事物的感受和体验。高雅的生活情趣不但能使我们因学习而紧绷的神经得以放松、疲劳得以解除,还能使我们充分感受到生活中的美,使我们即使在比较艰苦的环境中也能让生活充满欢乐。

因此,不可否认,物质环境对人的教育起着奠基作用,是这所学校培养学生德育的物质保障,在无形中细致入微的影响着这个环境中的每个人。在一个相对优化的校园环境中,学生们心情愉悦、精神格外放松。在这样的环境中,自然会产生和激发学习的灵感。这种学习的效果远远超过了传统的说教方式,而且这样的学习效果并非有意识的创造,而是出自于无意识的灵感激发,更有利于培养学习的动力,所达到的效果也是很明显的。

(二)人性化的制度环境对学生的规范和约束作用

从管理和政策层面而言,学校制度环境是学生学习知识、增加体验、获得发展的重要保障体系,有明确的目的性和严格的控制性。虽然学校师生具有一定的自主权,但学校活动的开展不是随意的活动或行为,必须遵守相应的规则,受到一定条件的制约。

学校制度环境作为学校文化环境的一个重要组成部分,是维系学校正常课程秩序必不可少的保障机制,是学校建设的保障系统。建立协调一致、相互制约、有机发展的学校制度环境,是一项系统的工程。人是复杂的,每个人都有自己不同的特点,也有不同的需要,而且人也是有主观能动性的。任何管理制度,在未得到人的认同前,其所从事的管理是被动的,管理的效果也是机械的、低效的。学校树立"以人为本"的发展观,就是要关注人、尊重人、发展人。这是对我国千百年来"以官为本,以制度为本,以他人为本"体制的一次重大转变。人才是学校制度文化的核心,育人是学校制度文化建设的根本目标,所以在学校制度环境建设中,我们要以生命生成的观点重建学校制度环境,以人为本,尊重人的权利,满足人的需要、促进人的发展,让制度人文化,让人成为制度的主人而不是制度的奴隶。既要用合理的规章制度规范人,又不能简单机械地强迫管理,通过调动人的积极性使"外在文化"转化为"内在文化",重塑人的尊严,体现生命的可贵。制度是"死"的,人是"活"的。因而制订学校制度时一定要注意"与人为善",注意原则性与灵活性的和谐统一。任何"规定"要留有充分的余地,要有人情味、不要把条文定得太"死"、太刻薄寡情。体现以人为本的制度理念就是在制度的制定过程中,要以学生发展为本,以教师发展为本,以调动人的积极性为本,而不是让制度限制人的发展。

(三)高品位的校园精神文化环境对学生的激励和导向作用

富有主题的建筑也就是学校的特色建筑,凝聚了整个学校的核心,它自身含有一定的文化意义,对人的思想有一定的启示,它所承载的可以是一段历史,可以是一种文化,也可以是一种象征。"志向"是人对未来成功的心志、向往和追求。它体现了学生对未来社会的理想与今天的奋斗之间的一种昂扬向上的心理特征,是建立在"高远"之上的。"高"体现了社会的层次性,"远"体现了时代的前瞻性。作为一所有特色的学校,培养出来的学生,在未来的社会中所体现出来的价值,理应具有久远的生命力,理应具有对社会影响的广泛性。富有主题的校园环境通过一些建筑或者标志物来彰显自己的校训或者校史精神。我们要培养的学生应该具有为民族振兴、国家富强和人民富裕而艰苦奋斗的献身精神,应该具有天将降大任于斯人的气概,担负起领导未来重任的胸襟和才能,应该具有不断地追求新知,具有实事求是、独立思考、勇于创新的科学精神,我们要培养的是堪当兴国安邦重任、能振兴和复兴民族的有志之士。因此,在校园中富有主题特色的建筑以及它所承载的人文意义,理所当然地为学生立志树立了一个航标。

良好的环境除了对学生思想政治品德的形成有强制性约束、规范的作用,还有感染熏陶和相互激励的影响。德育环境是一种有形的和无形的感染力量,好的环境能使人积极向上,坏的环境能使人消极颓废。良好的德育环境使学生在不知不觉中受到心灵的感染、情操的陶冶,使学生不仅能逐步认识自己,同时也能看到别人的优点和长处,从而激励自己奋发向上,转变原有的思想并提高到新的思想水平。[①]中国古代的思想家都十分重视环境对人的思想潜移默化的作用,所谓"蓬生麻中,不扶自直""择邻而处"等都是说明环境的影响力量。

二、以积极的校园精神感染学生

(一)培育校园精神的指导思想

1."三个面向"的思想

校园精神的培育要面向现代化、面向世界、面向未来,充分体现时代精神,适应社会主义的现代化的要求。

校园精神的现代化,首先应该是文化观念的现代化,这是校园精神面向未来的前提和先导,决定着校园精神培育过程的各个环节。不同的文化观念,会产生不同的道德思想和方法手段,造成不同的教育效果。现代化从根本上讲是人的现代化,是人的精神解放和自由。因此,校园精神的现代化就是要形成以人为本的思想,在传承优秀文化的同时,不断吸纳全人类一切优秀文明成果来充实校园文明,使校园精神不仅有自己的特色,而且能够面向未来,面向世界。校园精神培育的现代化从内容的安排上要把传承和发扬文化遗产与现代化科技教育结合起来,把基础理论知识的教育与最新科技发展前沿知识的教育结合起来,把弘扬中华文化与人类共同创造的世界优秀文化结合起来,以使我们的校园精神的培育海纳百川、兼收并蓄,实现文化的交融和升华。校园精神培育的现代化从具体的做法上,还应努力实现决策方法、管理方法和工作手段的现代化。

---

①李悦. 浅析高校校园文化建设[J]. 佳木斯职业学院学报,2019(07):226-227.

面向世界、面向未来,也是校园精神培育的发展方向。从现实角度看,当今世界进入了经济一体化的时代。信息技术的突飞猛进,交通和通信技术的高度发展,使地球变小了。各个国家和民族间的距离拉近了,文化上的交流和融合已经成为当今重要的时代特点。中国在改革开放过程中,校园精神培育吸收了西方一些适应市场需要的观念,如效益效率观念、市场竞争观念、诚实守信观念、质量观念、服务观念、人才观念、惜时观念、法制观念、风险观念、开拓创新意识等,这对于校园精神培育起到良好的推动作用。

2.习近平新时代中国特色社会主义思想

"习近平新时代中国特色社会主义思想"是习近平总书记在党的十九大上提出的党中央治国理政战略思想,是全党全国人民为实现中华民族伟大复兴而奋斗的行动指南。党的十八大以来,国内外形势变化和我国各项事业发展都给我们提出了一个重大时代课题,这就是必须从理论和实践上系统回答新时代坚持和发展什么样的中国特色社会主义、怎样坚持和发展中国特色社会主义,包括新时代坚持和发展中国特色社会主义的总目标、总任务、总体布局、战略布局,和发展方向、发展方式、发展动力、战略步骤、外部条件、政治保证等基本问题,并且要根据新的实践对经济、政治、法治、科技、文化、教育、民生、民族、社会、生态文明、国家安全、国防和军队、"一国两制"和祖国统一、统一战线、外交、党的建设等各方面作出理论分析和政策指导,以更好坚持和发展中国特色社会主义。

围绕这个重大时代课题,我们党坚持以马克思列宁主义、毛泽东思想、邓小平理论、"三个代表"重要思想、科学发展观为指导,坚持解放思想、实事求是、与时俱进、求真务实,坚持辩证唯物主义和历史唯物主义,紧密结合新的时代条件和实践要求,以全新的视野深化对共产党执政规律、社会主义建设规律、人类社会发展规律的认识,进行艰辛理论探索,取得重大理论创新成果,形成了新时代中国特色社会主义思想。

3.人才培养目标

校园精神的培养必须有利于党的教育方针的贯彻落实，必须有利于人才培养目标的实现。邓小平同志指出，"要建设社会主义精神文明，最根本的是要使广大人民有共产主义的理想、有道德、有文化、有纪律。"邓小平同志提出的"四有"目标，即新时期的人才培养目标，它是一个具有丰富内涵的有机整体，是青年成才的目标系统，其中尤为重要的是有理想、有纪律。

有理想，既指青年要树立社会主义初级阶段的共同理想，又指青年要树立共产主义的远大理想。有了理想才能进一步坚定正确的政治方向，才能把个人的前途与社会主义事业的命运紧密结合起来，才能找到源源不断的前进动力。有道德，就是指青年既要有社会主义道德，有要努力提倡甚至具有共产主义道德。社会主义道德是社会主义经济基础的反映，它的基本要求是爱祖国、爱人民、爱劳动、爱科学、爱社会主义。这"五爱"体现在社会生活的各个方面，有利于人们在各种社会关系上，建立和发展平等、团结、友爱、互助的社会主义新型关系。有文化，就是指青年要努力学习和掌握科学文化知识。邓小平同志在重视学校的政治方向的同时，十分重视学生的智育，重视青年科学文化素质的提高。面对科学技术的突飞猛进，青年学生必须努力学习科学文化知识，专业知识和管理知识，学习历史知识，通过学习祖国的兴衰历史，增强民族自尊心和民族自信心，增强历史使命感和时代责任感，从而更加珍惜来之不易的大好局面，更加积极自觉地投身到建设中国特色社会主义的伟大事业之中。有纪律，就是指青年要自觉遵纪守法。纪律和自由是对立统一的关系，两者是不可分的，缺一不可的。纪律是维护国家统一，民族团结，社会安定的重要手段，在社会主义中国，人民既享有广泛的权利和自由，又要自觉遵守有关纪律和法律。

（二）校训是校园精神的集中体现

1. 校训的含义

所谓校训，是由学校提出的，对学生进行思想道德教育、行为习惯训练和品格培养的戒条。它反映了学校办学的指导思想和培养目标及管理原则，体现了学校对学生思想行为的规范要求。从内涵上看，校园精神与校训既有一定的形似之处，又有着本质的联系。

校训在长期的校园文化实践中一旦被师生共同接受，就会自然而然地被他们自觉发扬，从而演化、升华为代表学校整体价值追求的校园精神，形成校园整体文化的最高层次，成为奏响校园文化之歌的主旋律。

校训，作为学校传统的核心内容、学校群体价值观的升华，是校园精神的核心。有许多学校的校训，有其深刻的历史渊源。例如，1914年，清华大学建校三年，提倡德、智、体三育并进和"人格"教育，11月10日，学校请梁启超先生来校讲演，他演讲的题目为《君子》。他引《易经》中乾、坤二象辞"天行健，君子以自强不息""地势坤，君子以厚德载物"，来勉励清华大学学生树立完整人格。他说："乾象言，君子自励，犹天之运行不息，不得有一曝十寒之弊。坤象言，君子接物度量宽厚，犹大地之博，无所不载。"梁启超先生的此次演说对清华大学优良的学风和校风的养成产生了深远的影响，这以后，学校即把"自强不息，厚德载物"八字定为校训。

与清华大学不同，南开大学是一所私立学校。它的校训"公能"二字，是其创办人和担任40余年校长的张伯苓先生提出的。张伯苓一生从事教育事业，是一位爱国教育家，他走的是"教育救国"之路。他认为，中华民族患有"愚、弱、贫、散、私"五大弊病，要办教育来矫正之。南开大学对学生实行五个方面的训练：重视体育，提倡科学教育，创办各种团体组织，道德训练，培养救国力量。这五项基本训练，以"公能"校训为指导原则，目的在于培养学生爱国爱群众之公德，与服务社会之能力。大多数名牌学校都有自己独特的校训,这些校训虽然不尽相同,但它们都是在中华民族传统文化土壤上培育生长起来的,大多反映了中国教育治学和为人的两大内容。

2.校训可以体现学校办学特色

校园精神作为校园文化的集中表现和高度凝聚,不仅体现在它对内能创设出一个积极健康、团结向上,影响校内成员价值选择、人格塑造、思维方式、精神风貌、道德情感、行为习惯等的关系学校魅力和个性所在的治学信念和目标要求。其独特的魅力和个性也构成了一所学校的特色。学校若缺少或失去自己固有的特色,自然也就不具有吸引社会的巨大魅力和竞争能力。

学校特色,是一所学校独具的区别于其他学校的办学个性,是最为突出、最具有典型意义、显示巨大社会效益的校园魅力。校训,即学校特色的高度浓缩。它的作用在于引导校园风气。如师范院校注意培养为人师表、言传身教的奉献精神。北京师范大学的"学为人师,行为典范"的校训将师范院校独特的性质和要求加以强调;黄埔军校的"亲爱精诚"具有时代特色和革命理想;复旦大学的"博学而笃志,切问而近思"具有中国传统文化的特色;中国人民大学的"实事求是"、中央党校的"求是",言简意赅,个性鲜明;武汉大学的"自强、弘毅、求是、拓新"突出了个性和新意;上海交通大学"求实学、崇实业"、美国威斯康星大学"面向实际,注重实用"均是从办学目的着眼的;集美学校的"诚毅",涵盖了忠诚祖国和人民,为人诚恳,取信于民,毅以处世,百折不挠的寓意。这些校训具有简练而精深的特点,因而容易沁入人心,凝聚为具有感召力、渗透力的校园精神。

需要指出的是,并非所有校训都能升华为校园精神。有些校训内容空洞、陈旧、雷同、缺乏个性。如大多学校的校训都是"团结、勤俭、求是、奋进、从严、勤奋"的排列,某农业大学和某科技学院的校训是一模一样的,很难突出学校特色,需要加以改进。

（三）校风是校园精神的具体化

1.校风的含义

校风是一所学校师生员工共同具有的思想行为作风,它具有两个层次的含义。第一层含义指一般的良好风气。所谓风气,就不是个别人、个别事、个别现象,而是当形成了带有普遍性、重复出现和相对稳定的行为心理状态,成为影响整个学校生活的重要因素时,才具有"风"的意义。例如,团结友爱之风,艰苦朴素之风,勤奋好学之风,积极进取之风等。人们习惯上把这些称为校风,这是一般意义上的校风。

第二层含义是指一所学校区别其他学校的独特风气。换言之,是在一所学校的许多风气中,最具特点、最突出和最有典型意义的某些作风。它在长期办学中形成,体现在学校工作的各个方面,影响全校师生员工的思想行为,构成该所学校的个性特点。

总之,校风是学校成员共同具有的富有特色的,相对稳定的行为倾向,是一种群体心理现象,也是学校物质文化和精神文化建设的综合反映,是学校素质教育力量的表现形态。

校风和校园精神具有本质联系,两者的关系表现为:一方面,校园精神所营造的氛围,弥漫在每个个体周围,使个体的言行举止都染上它的痕迹与色彩,从而形成某种趋向和定式。这种氛围的传承,便诞生了一所学校的传统和风气,即校风。另一方面,校风归属校园精神文化的范畴,但又不等同于校园精神,而是校园精神的具体、感性外化。即校园精神必须通过一定的校风才能反映出来,正是从这个意义上说,校风的凝聚和升华便是校园精神。

2.校风的基本构成和校风建设的主要内容

校风包括学风、教风和领导作风。学风是指一所学校的治学精神、治学态度和治学原则,是学生在学习、生活中养成和表现出来的共同的典型的思想的行为倾向,是他们的学习动机、兴趣爱好、学习方式和态度及价值观念的综合表现。学风是校风的核心,校风是校园精神的主体,而学风建设是校风和校园精神建设的关键。

教风是学校中的教师在工作和生活中所形成的,并表现出共同的、较稳定的特点和行为倾向,是教师职业道德、工作态度、专业知识、教学能力、教学方式的综合表现。在学校纷繁复杂的活动中,居于中心地位的最主要的活动是教学。教师的教学、科研活动、学生的学习活动、教师和学生的学术科技活动的水平,在很大程度上取决于教风的优劣。

学校的领导作风反映着学校领导者的道德素质、工作态度、工作方式和风格。领导者养成关心教师和学生、勇于改革、踏实、认真负责、民主管理学校的作风是十分必要的。领导作风是形成优良校风的关键因素。学风、教风和领导作风共同构成一所学校独特的精神风貌。

教育要面向现代化、面向世界、面向未来。这是我们建设有中国特色社会主义教育事业的根本指导思想。为此,各级各类学校校风建设的共性内容是:在全体师生员工中形成坚定正确的政治方向,高尚的道德情操,严谨的治学态度,民主的学术空气,团结奋斗、勇于创新的开拓精神,严明的组织纪律,良好的教学和工作秩序等。

3.大力加强校风建设

校风是一种校园的精神文化,是一所学校个性和风貌的集中反映,是校园精神的深层内核,是校园价值体系的精华,是推动广大师生员工积极进取,育人成才,战胜困难,开拓创新的强大精神力量。总之,校风是一种治学精神,一种氛围,一种进行学术研究的学风,一种追求真知的精神风貌。大力加强校风建设,校级领导班子具有重要作用,他们的价值观念、思维方式、行为特点、工作作风,以及领导作风、办学理念和追求等,对整个校园精神文化的倾向具有决定性的影响。在社会主义市场经济条件下,学校领导班子要坚持科学治校、民主办校、融会百家、尊重创新的办学理念,推行校务公开和民主管理制度,发扬党内民主和校内民主,尊重和保障党员和师生的民主权利。凡是涉及学校改革和发展的决策、与教职工切身利益密切相关的问题,都要广泛征求师生意见,采纳合理意见,才能更好地团结师生,增强凝聚力和向心力。

大力加强校风建设,使校园成为道德教育和精神文明建设的基地,基础在教师。教师作为学校的一个特殊群体,是学生增长知识和思想进步的导师。他们的价值观念、生活方式、教育观念和人格特征会对校园精神文化产生影响,对学生产生重要影响。教师是先进文化的重要承载者和创造者,是校园精神文化建设的中坚力量。抓校风建设,一定要加强师德建设,使教师在政治思想、道德品质、学识学风方面,能够以身作则,率先垂范,为人师表,言传身教,以先进的思想传播真理、播种文明,用高尚的道德情操和精湛的科学文化知识,积极参与校园文化活动,既可以提高校园文化的层次和品位,又可以促进师生在课堂外的交往,密切、平等、和蔼的师生关系,本身就是校园精神文化的一道风景线。

第三节　以学生管理工作推动校园文化建设

一、准确定位大学生在校园文化建设中的角色

学生骨干是思想政治教育研究的常用概念,近年来一些研究对这一概念的内涵阐述不断丰富。大学校园文化建设也是思想政治教育研究领域的概念,针对这一概念的研究较多,学术界对这一概念的界定比较一致。

(一)学生骨干概述

1.学生骨干构成

学生组织干部、党员和先进积极分子、社团领袖成员、具备突出特长和号召力的学生群体是大学校园内的学生骨干的主要组成部分,本文中以学生骨干的性质和学生群体组织之间相互作用的群体目标为导向,把学生组织主要划分为功能型、项目型和兴趣型学生组织三种类型,进而把学生骨干群体也同步划分为以下几种类型。

（1）功能型的学生骨干

功能型的学生骨干是校园学生骨干群体的主要构成,占据学生骨干群体数量的大多数。通常情况下,此类学生骨干会以校园基层管理活动为载体,听从校团委或校党委相关部门的统一领导和指挥,既是校园文化活动的主要参与者,又是组织和管理者,在基层管理和领导其他非学生骨干群体,便于深入细致地调查和了解校园各类学生群体的学习生活及思想动态状况,主要以学生会和社团中的学生干部和党员身份存在。学生干部主要是在学生组织联合会、班级、团委等组织中担任管理或者领导角色的学生骨干,是学校最基层的教育管理者、基层组织活动的参与和实施者,也是高校教育和高校管理的重点对象。总而言之,学生干部是参与学校基层管理,具备服务和管理性质,是促进学生走向自我管理和自我服务的典型性的代表群体。党员则是校园中学生群体中的代表性的优秀成员,具备较高的政治素养和信念,是中国共产党的先进理论的崇尚者和践行者,在学习上和生活上都是全校师生的楷模,具备艰苦奋斗、积极乐观、崇尚先进的精神品质,是大学校园中思想政治觉悟较高的学生骨干代表。

（2）项目型的学生骨干

项目型的学生骨干是以项目活动为载体,以满足社会发展和校园发展需求为导向,为提高学生群体的某一项工作能力或者学校发展的某一领域,积极投身于各个领域内开展项目活动之中。项目型学生骨干一般情况下具备更强的实践能力、生活能力或者学习能力，是通过组织的系统性培养，而形成的专项人才，主要可以分为科研学习精英和文体活动精英两类。

科研学习精英是高校发展必不可少的重要群体，有利于实现新形势下教育改革的重要目标，培育更多、质量更为优越的科研型和知识型人才，有利于满足国家和社会发展的人才需要，是我国智慧库发展的重要人才储备力量。在现阶段的高校科研学习精英中，已然有不少学者已经成为各个领域和专业内的佼佼者，为校园、社会和国家的发展贡献力量。文体活动精英是活跃校园文化氛围，带动校园多元化和综合性发展的重要群体，通常具备文体方面的特殊优势，在校内外开展文体娱乐活动，带动和激发同学们的生活乐趣和活动热情，促进校园文化建设和校园文化的传承与发展。

（3）兴趣型的学生骨干

兴趣性的学生骨干是以共同的兴趣爱好为根本出发点，自愿聚集而形成的社团或学生组织，并且服务于同一兴趣爱好的学生群体，为之创造学习和交流的机会，在社团或此类学生组织中担任领导角色。兴趣型的学生骨干在校园生活中主要存在于诸如志愿者协会、舞蹈团、武术社团、魔方协会、骑行社团等以兴趣爱好为导向的学生组织中。一般情况下，此类学生骨干都有一定的突出特长，在组织管理和发展中起到领导作用，显示出较强的领导能力。用发展的眼光看待事物的发展，兴趣型的学生骨干一般都是文体领域的后备人才，是社会公益领域的积极参与者和爱心的传播者，在促进校园文化建设多元化发展的同时，极大地带动了社会文化的进步。

2.学生骨干的特征

学生骨干是高校学生群体的代表性学生，对于社会主义现代化建设、民族发展和社会主义中国梦的实现，都有着重大推动作用。在教育改革和社会体制转变的新时期，高校学生骨干主要表现为以下几项特征。

（1）坚定的政治信念

政治信念对于个人成长，尤其是学生群体的成长和发展具有重要意义，政治信念是高校学生骨干的核心特征。学生骨干保持坚定的政治信念和立场，与党和国家的信仰在思想上保持高度一致，善于根据时势的变化，了解和掌握国家和社会的发展方向，

学生骨干学习和贯彻落实党在新形势下的目标和精神，重视思想教育和政治理念的培养，在重大选择和方向上始终可以保持清醒的认知和头脑，坚决与党中央的宗旨和要求保持一致，并在日常的学习和生活中积极主动地维护党和人民的利益，在校园活动中维护广大学生群体的利益。

（2）一定的领导能力

校园中学生骨干是起到代表性和模范性作用的群体，具备重要的表率、带头和引导作用。通过领导非学生骨干群体和基层学生管理活动，学生骨干通常会展现出个人的领导魅力，在知识结构和人格培养等方面都有着较大的改善，在校园生活中则表现为因人善任，鼓励和发现他人的长处和优点，激发团队成员的积极性和潜力，不好大喜功，重视激发团队的合作意识，善于利用目标和愿景来引导和培养团队成员的工作能力和参与积极程度，最大程度挖掘团队成员的潜力，发挥团队成员的作用。

（3）显著的工作能力

由于学生骨干是校园文化建设活动的参与者和组织者，在学生工作上积累了较为丰富的经验。同时，在学习专业文化课程之余，也锻炼了其他的工作能力。工作中的学习和培养，塑造了学生骨干的学习能力和适应能力，使其具备一定的组织管理能力、时间安排和协调组织能力。学生骨干通常以其较多的实践经验提高其就业实践能力，在视野上较为开阔，思维方式也与非学生骨干表现出较大的不同。

（4）较高的服务意识

服务意识是学生骨干参与校园文化建设的核心和宗旨,服务于最广泛的学生群体是校园文化活动的目标和意义所在。服务意识和态度是选拔学生骨干的准入标准,全心全意为同学着想,以学生需求为导向,解决学生的实际困难,利用自身在学生和老师之间的桥梁纽带地位,积极保持与学生和老师的紧密联系,充分发挥好信息传递与反馈、服务学生的重要作用,为老师和同学排忧解难,深切解决同学们遇到的问题。从学生中来、到学生中去,完备的服务意识也造就了学生骨干通常会有较高的群众基础,口碑完好的反馈。

（5）高度的责任意识

责任感是学生骨干选拔标准的重要指标,高度的责任意识是学生骨干在工作中服务同学和老师的内心推动力,促使他们在完成工作任务的时候更加高效、积极。这种责任意识还体现在学生骨干对社会热点的关注,对社会发展和民生问题等都具备高度的社会责任感和使命感。学生骨干高度强烈的责任感为其成为更为优秀的社会发展的传承者,先进的社会主义现代化建设的后备军,将个人成才、个人价值与国家发展、个人命运与国家命运和发展需要密切结合起来,在个人职业生涯发展上更为注重自己对集体、社会和国家的贡献。

（二）大学校园文化建设

20世纪80年代,我国开始出现"校园文化"的概念,之后几十年的发展中,在理论学术界关于校园文化定义的准确、统一的观点尚未形成,在主流上可以理解为区别于社会主流文化,主要存在于高等教育领域内的文化氛围,主要宗旨在于提高学生的文化素养,可以理解为以学生和教师为活动对象,以举办文体活动为主要内容而创造的精神价值和精神文化。广义上也可以理解为在校园氛围和教育管理方式上,学生和教师共同认同的价值理念,囊括了物质文化、精神文化、制度文化和行为文化等各个层面。还有一种理解把校园文化理解为是正常校园文化课程和实践之外的学生课外文化活动的总和，可以通过辩论、演讲、知识竞赛、征文等活动有效地提高大学生的综合能力，通过学校社团活动，为学生提供实践的机会和平台，有利于培养高素质的人才，推动大学生心理成熟度，形成适应社会需求发展的积极健康的人生价值观。

校园文化作为社会亚文化的一种存在方式，主要是以组织科研、学习生活、实践、就业、理论等各个方面活动为形态，并以此形成和积淀丰厚的校园文化内涵，凝聚校园精神，并内化体现在校园的规章制度上。校园文化通常以校园活动为运作内容和主要运作方式，以校园物质文化、精神文化、制度文化、行为文化四种类型为划分标准。物质文化主要体现在校园环境和内部规划方面，精神文化则是校园中师生共同认同和存在的价值理念，制度文化、行为文化则是校园中的管理制度、校规校纪规定，以及学生和老师所表现出的行为常态。其中，校园精神文化是校园文化的核心内容，代表着一所学校的文化传统、精神价值信念和学术风范，是通过社会发展和校园历史形成过程所积淀的文化，这种精神文化根植在全体师生的内心中，被师生共同认同和传承，愿意为之不断地付出努力，并通过学校的管理理念和制度建设进行表现和渗透，是校园风格的集中体现、塑造校园文化和校园管理制度的核心源泉，可以起到激励学生和凝聚师生的重大作用。

1.大学校园文化建设的内涵

大学校园文化建设的内涵建立在对校园文化概念理解的基础上，大学校园文化建设主要可以理解为大学校园文化管理、组织、结构、制度、活动等方面的整体性计划安排、建立健全和兴建措施等。大学校园文化建设是一个长期的系统性项目工程，涉及的内容和领域也是极其广泛，可以相对应地存在校园物质层面的文化建设、精神层面的文化建设和制度行为方面的文化建设三种分类。总的来说，大学校园文化建设是以良好的师生关系为保障、高尚的道德情操和文娱活动为基础、坚定不移的校园宗旨和校风校训为导向的层级建设工程。校园作为社会环境的缩影,社会经济发展和社会环境的变化必然会影响到学生的思想道德观念、生活理念、学习动力和生活习惯等,进而影响到整个大学的校园文化建设。

2.大学校园文化建设普遍特征

大学校园文化建设存在一些普遍特征,主要有以下几种。

差异性,校园文化建设与学校特点紧密结合,不同时期,不同地域具有不同的校园文化。传承性,校园文化具有良好的传承性,这种传承来参与校园文化建设的各个方面,并且这种传承是自发的。承载性,大学校园文化涵盖内容不断丰富,逐渐发展成为成熟的大学育人平台,这一平台具有良好的信息、元素承载性。创新性,大学校园文化建设在不同时期都表现出先进文化的方向,这是由大学的特点决定的。交互性,随着时代的快速发展,越来越多的社会发展产物带来对大学校园文化建设的参与和影响,电脑和网络的普及、学科研究的交叉关注,大学校园文化建设越来越多的融入这些因素。[①]

二、校园文化建设在学生管理工作中的促进性

校园文化是在高校广大师生员工中通行的规范准则、生活方式、行为模式和价值体系,是学校区别于其他社会组织的重要标识,是维系学校团体的一种精神力量。它以丰富的内容和灵活多样的表现形式使其存在于学生管理的每一个环节,并适应青年学生的心理、生理特点。校园文化建设与学生管理工作有着内在的联系,对学生管理工作起着重要的激励作用,而学生管理工作又是学校教育工作的重要组织部分,是维护学校正常的教学生活秩序,实现培养目标的重要保证。在新的时代背景下,社会主义市场经济的深入发展、经济的全

---

①孟庆新. 高校学生工作思考与实践[M]. 沈阳:东北大学出版社,2015.

球化、素质教育的全面实施等对学生管理工作提出了更新、更高的要求。面对新形势的需要，我们应积极采取措施加强高校校园文化建设，充分发挥校园文化的激励作用，推进学生管理工作迈向新台阶。

（一）校园文化对学生管理工作的重要影响

1.校园文化有效地激发了学生管理工作的活力，能够培养青年学生积极向上的心态

校园文化寓教育、管理于丰富多彩、灵活多样的校园文化活动中，在潜移默化中起到其对学生的教化、熏陶、规范、启迪作用。教化性的文化活动促进学生形成良好的道德修养，对其价值观和人生观产生了积极导向，也满足了青年学生知识、智能发展的需要；熏陶性文化则满足了广大学生丰富多彩的艺术、情感、精神的需求；娱乐性的文化活动可以培养业余爱好，疏导消极的情绪，缓解压力，形成积极健康的心理状态。

2.校园文化强化了学生管理工作的内力，有助于促进青年学生自身综合素质的全面提高

一方面，学生的校园文化活动本身就是人际交往互动的过程，扩大了学生的人际交往范围，满足了他们社会交往的需要。更重要的是，他们在参与的过程中通过发挥自己的优势和特长，使潜能或潜质发挥出来，实现管理与自我管理的有效结合。另一方面，高品位的校园文化有利于学生管理干部思想品德、理论水平、知识结构、文明言行的养成。学生管理干部素质的高低从某种意义上决定了学生管理工作的水平。校园文化变单一的管理为双向管理，变少数人的管理为全员管理，强化了学生管理工作的内力。

（二）校园文化建设在推进学生管理工作中的着力点

1.营造"环境文化"氛围，实现文明管理

"环境文化"主要包括三点：一是校园物质文化环境，校园物质文

化环境是师生员工学习、工作、生活、娱乐等活动的物质条件,是学校教育的基础环境或基础条件,反映着学校的物质面貌;二是知识环境,主要是指学术水平、学术空气、教学内容、教学经验等方面的情况和条件,直接关系到育人的质量,关系到管理工作的成败;三是舆论环境,主要是通过正确的理论导向、政策导向和价值导向,弘扬社会主义主旋律,宣传先进模范人物,正确引导学生的价值取向;四是人际环境,指校园内部人际关系,包括领导之间、教师之间、师生之间、学生与学生之间管理与被管理等多方位的关系,建立这种关系应以平等、理解、信任、互爱和互助等为原则。

2. 营造"精神文化"氛围,实现科学管理

营造"精神文化"氛围要有全员共建的思想,把文化建设纳入学校教学、管理的体系中,实现系统建设,科学管理。首先要在课堂教学和一切校园文化活动中坚持正确的政治方向,注入政治理论、思想品德方面的内容,坚持加强对师生的爱国主义、集体主义、社会主义的思想教育,加强优秀文化传统教育,弘扬民族优秀文化传统,增强学生的民族自信心、自尊心和使命感,激发他们的爱国主义精神。其次要重视第二课堂活动,要根据高校总体培养目标和学生实际,用健康高雅的文化和艺术,丰富校园文化生活,建设高品位的校园文化,引导学生合理支配闲暇时间,提高休闲艺术品位。在校园文化活动中,学生通过自我教育、自我管理、自我服务,充分发扬自主精神,发挥主动性、创造性和自己的专长、潜能,对培养学生健全的人格,创造意识和创造能力,有着不可替代的作用。可见,良好的"精神文化"氛围,是实现科学管理的前提。

(三)营造"文化育人"氛围,完善文化管理机制

从某种意义上讲,文化育人机制创新直接影响到我国高校人才培养的质量。高校应不断创新文化育人机制,本着为学生服务的原

则,促进社会主流文化的形成,从而正确地引导学生。为此,要创新教育观念,以高尚的精神和人格鼓舞学生,激发他们的创新意识和探索精神,同时,还要实现方式和内容上的创新。

要实现文化育人机制的创新,就要通过不断地总结、不断地突破,努力完善制度管理机制,具体可以从以下方面进行:首先,要加强对文化育人机制创新的广泛宣传。高校可以组织一些优秀的教师,鼓励他们自愿加入到对教育、技术的开发应用和创新工作当中,构建一个专业性、学术性的创新学术团体,在法律法规允许的范围之内,用科学的眼光审视、开展创新活动,研究推广其创新成果,使得广大学校师生的创造力都得到激发,为学校培养更多创新型高技能人才。其次,建立专门高校教育管理机构,强化现有的教育指导功能,在宏观上对高校教育进行指导、规划、监督、检查和研究,促进创新长效机制的形成,为开展文化育人机制的创新活动提供良好的支持。最后,加强教育管理干部培训,提高科学管理水平,同时,还要从各地实际出发,注重教学形式上的灵活多样,开设当代世界各国教育研究课。

校园文化具有重要的激励作用,在新时期学生管理工作中,校园文化建设已成为学生管理工作的有效途径和有力载体,在塑造学生道德品质方面起着不可估量的作用;校园文化既是加强对学生日常管理的主渠道,也是对学生进行思想、政治、品德教育的重要途径。良好的校园文化是一种潜在的教育力量,以某种特有的潜在激励作用影响着师生的思想、情感、道德水平,改造师生的内心世界;高品位的校园文化还拓宽了学生管理的实践领域,使学生管理与素质教育、创新教育有机结合起来,增强了新时期学生管理工作的针对性和实效性;同时,校园文化把教书育人、管理育人、服务育人、文化育人有效地整合统一起来,从而拓展了新时期学生管理工作的新途径,形成了功能互补的全员育人文化与健康和谐的管理文化。

参考文献
REFERENCES

[1]蔡国春.中美高校学生事务管理模式比较研究[M].青岛:中国海洋大学出版社,2017.

[2]盖晓芬.现代高等职业院校学生管理模式[M].杭州:浙江大学出版社,2010.

[3]郭春雷,马富春,王娜.高校辅导员工作手册[M].石家庄:河北人民出版社,2015.

[4]贾霄燕.高校校园文化建设探索[M].石家庄:河北人民出版社,2015.

[5]金粉如.提升地方高校留学生教育服务质量的策略研究——以延边大学为例[D].延吉:延边大学,2018.

[6]李端杰.高校校园环境设计[M].济南:山东科学技术出版社,2018.

[7]李海红.校园文化建设理论探索与实践案例[M].北京:光明日报出版社,2018.

[8]李华忠.对高校学生管理工作内涵的探讨[J].文存阅刊,2018(24):28-29.

[9]李明.高校图书馆阅读推广研究[M].北京:朝华出版社,2019.

[10]李雪莲."以人为本"构建学生管理的新模式[J].劳动保障世界,2017(17):44-45.

[11]李悦.浅析高校校园文化建设[J].佳木斯职业学院学报,2019

（07）：226-227.

[12]刘冬梅.新时期高校学生管理工作探索与创新[M].济南：济南出版社,2018.

[13]刘建民.NIT校园文化笔记[M].杭州：浙江大学出版社,2018.

[14]陆模兴,王艳伟,王永伟.校园文化视角下的大学生体商素养培育探析[J].湖北开放职业学院学报,2019,32(22):64-66.

[15]雒铭静.高校学生管理工作面临的挑战、困境和出路微探[J].魅力中国,2019(32):225.

[16]孟庆新.高校学生工作思考与实践[M].沈阳：东北大学出版社,2015.

[17]裘鹏,丁清淑.新时代中国特色高校体育文化与留学生人才培养互通性研究[J].北京体育大学学报,2019,42(5):130-138.

[18]任一民.中职校园文化建设研究——以W市中职学校为案例[D].武汉：华中师范大学,2018.

[19]王瑛.高校学生管理创新模式研究[M].长春：吉林大学出版社,2016.

[20]王卓.高校校史档案对校园文化建设作用探析——以山东大学为例[D].济南：山东大学,2018.

[21]魏平.校园传统文化读本[M].石家庄：河北科学技术出版社,2017.

[22]徐伟.高校校园体育文化建设及其育人的内在机理分析[J].北京体育大学学报,2015,38(1):94-99.

[23]姚淼.高校行政管理与大学生思想政治教育适应性研究——基于服务型高校视角[D].北京：华北电力大学；华北电力大学（保定）,2013.

[24]苑良智.高校图书馆对促进校园文化建设的思考[J].赤峰学院学

报（自然科学版）,2017,33（18）:157-158.

[25]张冠鹏.高校学生管理制度研究[M].长春:吉林人民出版社,
2016.

[26]张钠.大学生思想政治教育实践与探索[M].成都:电子科技大学
出版社,2017.

[27]曾辉.社会主义核心价值观引领高校校园文化建设研究——以
成都三所高校为例[D].成都:西华大学,2017.

[28]曾瑜,邱燕,王艳碧.高校学生管理工作法治化研究[M].成都:西
南交通大学出版社,2016.